Viver a ritualidade litúrgica
como momento
histórico da salvação

Coleção CELEBRAR E VIVER A FÉ

- *Inculturação litúrgica: sacramentos, religiosidade e catequese* – Anscar J. Chupungco
- *Laboratório litúrgico: pela inteireza do ser na vivência ritual* – Luiz Eduardo Pinheiro Baronto
- *Liturgia: peregrinação ao coração do mistério* – Valeriano Santos Costa
- *Viver a ritualidade litúrgica como momento histórico da salvação* – Valeriano Santos Costa

Valeriano Santos Costa

VIVER A RITUALIDADE LITÚRGICA COMO MOMENTO HISTÓRICO DA SALVAÇÃO

Participação litúrgica segundo a *Sacrosanctum Concilium*

Dados Internacionais de Catalogação na Publicação (CIP)
(Câmara Brasileira do Livro, SP, Brasil)

Costa, Valeriano Santos
  Viver a ritualidade litúrgica como momento histórico da salvação : participação litúrgica segundo a Sacrosanctum Concilium / Valeriano Santos Costa. — 2. ed. — São Paulo : Paulinas, 2010. — (Coleção celebrar e viver a fé)

  Bibliografia.
  ISBN 978-85-356-1465-7

  1. Adaptação litúrgica - Igreja Católica 2. Celebrações litúrgicas 3. Igreja Católica - Liturgia 4. Salvação I. Título. II. Série.

10-02583   CDD-264.02001

Índices para catálogo sistemático:
  1. Participação litúrgica : Igreja Católica   264.02001
  2. Reforma litúrgica : Igreja Católica   264.02001

Direção-geral: *Flávia Reginatto*
Editora responsável: *Noemi Dariva*
Copidesque: *Mônica Elaine G. S. da Costa*
Coordenação de revisão: *Andréia Schweitzer*
Revisão: *Ana Cecilia Mari*
Direção de arte: *Irma Cipriani*
Gerente de produção: *Felício Calegaro Neto*
Capa: *Everson de Paula*
Editoração eletrônica: *Sandra Regina Santana*

2ª edição – 2010

Nenhuma parte desta obra poderá ser reproduzida ou transmitida por qualquer forma e/ou quaisquer meios (eletrônico ou mecânico, incluindo fotocópia e gravação) ou arquivada em qualquer sistema ou banco de dados sem permissão escrita da Editora. Direitos reservados.

Paulinas
Rua Dona Inácia Uchoa, 62
04110-020 – São Paulo – SP (Brasil)
Tel.: (11) 2125-3500
http://www.paulinas.org.br – editora@paulinas.com.br
Telemarketing e SAC: 0800-7010081
© Pia Sociedade Filhas de São Paulo – São Paulo, 2005

Prefácio

A história é feita pela humanidade, que, com suas culturas, estabelece as metas e abre novas estradas. Quando Deus é a inspiração, os passos representam a salvação escatológica e provocam as libertações históricas. Assim, a história transforma-se em *história da salvação* e sua característica fundamental é ser pascal. Como conseqüência, o povo de Deus nunca volta atrás, mas escatologicamente caminha sempre para a frente, refazendo com perspectivas novas o êxodo em busca da terra prometida e reafirmando como Josué: "Quanto à mim e à minha família, serviremos o Senhor" (Js 24,15).

Estamos vivendo um momento muito importante, mais de quarenta anos depois da reforma litúrgica do Concílio Vaticano II. O tempo da "novidade pela novidade" já passou. As primeiras mudanças vêm sempre do lado exterior e isso leva a delírios, exultações ou estranhamentos que também passam. Muitas "experiências" foram feitas. As que tinham solidez ficaram. As outras se foram despercebidamente. Agora é uma hora especial de ir para a frente, sem colocar em pauta a possibilidade de voltar atrás, porque isto nunca existiu na caminhada do povo de Deus.

Este estudo é uma humilde contribuição a qual representa a geração que viu a reforma litúrgica acontecer pelo esforço daqueles que muito se dedicaram para possibilitar a celebração do mistério de Cristo de forma mais participada. Para seguirmos adiante, é preciso ouvir o Senhor no seu conselho a Pedro (Lc 5,4): *Duc in altum!* (avance para águas mais profundas). *Duc in altum.* Estas palavras ressoam hoje aos nossos ouvidos, convidando-nos a lembrar com gratidão do passado, a viver com paixão o presente e abrir-nos com confiança ao futuro [...]" (João Paulo II, *Novo Millennio Ineunte*, 1). Em termos de reforma litúrgica, é hora, então, de navegar em águas mais profundas (*duc in altum!*), um gesto que exige ciência e humildade, mas, sobretudo, espírito de reverência diante do mistério divino.

A reforma do Concílio é, em especial, espírito. Isso significa ainda muito caminho a percorrer. Os passos estão diante de nós e são iluminados teologicamente pela convicção de que cada celebração litúrgica bem participada é nosso "momento histórico da salvação". Para aprofundar esta verdade, temos de nos desdobrar muito mais, até pedindo ajuda às ciências antropológicas, a fim de melhor entendermos o quanto é magnífico e misterioso o homem se salvar hoje por meio do encontro sacramental com o Ressuscitado, na densidade da vivência ritual[1] de todo o seu mistério pascal, condensado na paixão, morte e ressurreição do Filho de Deus encarnado.

Por ser "sacramental", esse encontro necessita do rito, como um caminho próprio. Propomos, então, um estudo mais sério e científico sobre a ritualidade litúrgica, como o meio externo obrigatório para a participação litúrgica atingir sua dimensão interna, no nível do mistério. O rito é um caminho que a gente cuida não por ele mesmo, mas por levar a algum lugar. Esse lugar é o mistério celebrado, nossa principal fonte de vida e salvação.

Aos 13 anos, no Seminário Menor São José, em Assis (SP), tive um momento de exultação. Naquela manhã de 8 de dezembro de 1965, todos os sinos da cidade soaram anunciando o encerramento do Concílio Vaticano II. Nunca os ouvi repicarem tão forte e alegremente. Sob os auspícios da Imaculada Conceição, a Igreja anunciava um "Pentecostes".

Naquele dia, o que senti pareceu-me indizível, mas o entendimento foi se processando aos poucos. Deus deu-me a graça do sacerdócio ordenado e a possibilidade do doutoramento em liturgia. O cardeal dom

---

[1] O termo *vivência*, neste estudo, tem a ver com a vida em sua dupla dimensão: de ações celebrativas, em que se inclui a *vivência ritual*, que também chamamos de *liturgia ritual*, e de ações comuns e operacionais, que constituem o extrato da vivência cotidiana ou *liturgia vivencial*.

Paulo Evaristo Arns convenceu-me a deixar todas as atividades pastorais para dedicar-me novamente e de forma exclusiva ao estudo. Então, pela primeira vez, cruzei e atravessei os meus próprios horizontes, indo mais longe do que pensava, pois desde aqueles dias em Sant'Anselmo (Roma) tenho-me dedicado ao estudo da ciência litúrgica, a fim compreender, celebrar e viver melhor a fé, de tal forma que possa também contribuir na formação litúrgica do povo de Deus. Então, percebi que o repicar dos sinos nunca tinha cessado.

Os Concílios são importantíssimos para a difusão do Evangelho e para a sobrevivência da Igreja, que, por sua vez, é parte integrante do mistério de Cristo. Esse mistério, celebrado à altura, vai realizar a reforma que o Concílio Vaticano II preconizou. Assim, iluminados pela Escritura e pela Tradição, com suas fontes cristalinas e sua dinâmica própria, seguimos em frente, pois o povo de Deus é sempre estimulado pelo Espírito a caminhar até a terra prometida. Nesse processo, as palavras-chave são "iniciação" e "formação".

Páscoa de 2004

Siglas

CNBB — Conferência Nacional dos Bispos do Brasil
DZ — Denzinger
IGMR — Instrução Geral do Missal Romano
LG — *Lumen Gentium*
PG — Patrologia Grega
PL — Patrologia Latina
SC — *Sacrosanctum Concilium*
TC — Tempo Comum

Introdução

Este estudo representa uma dupla preocupação. A primeira é a dificuldade constatada na prática ritual da liturgia e a segunda, a fissura entre o que se celebra e o que se vive fora da celebração. Tanto uma coisa como outra incomoda e faz a Igreja sofrer, pois o resultado é que nem se celebra bem o rito litúrgico nem se testemunha a fé de forma convincente.

Por isso, este estudo representa também a ousadia de tentar integrar já no próprio conceito de liturgia tanto a sua dimensão ritual (sagrada) como a sua dimensão de testemunho cotidiano. O Concílio Vaticano II, com a Constituição *Sacrosanctum Concilium* sobre a "sagrada liturgia", estabeleceu a reforma litúrgica. O adjetivo "sagrado" coloca em destaque a "ação sagrada", que apresenta a característica ritual da liturgia celebrada. A liturgia, porém, por ser sagrada, só tem efeito verdadeiro e funciona como momento histórico de salvação quando é vista em conexão com a liturgia das ações cotidianas. Dessa forma, falando do aspecto interior, as ações sagradas são celebradas no "altar do coração" e as ações cotidianas, vivenciadas no altar do testemunho.

A dissociação entre liturgia celebrada e liturgia testemunhada tornou-se um grave problema no Antigo Testamento. Por isso, a Igreja primitiva teve certa dificuldade de aceitar a terminologia litúrgica para as ações celebrativas, que expressam o mistério de Cristo, por causa do ritualismo criticado pela corrente profética, justamente porque a celebração e o testemunho estavam em contradição.

O movimento litúrgico resgatou o conceito de liturgia como exercício do sacerdócio de Jesus Cristo, realizado sacramentalmente pela Igreja para o louvor de Deus e santificação humana, conceito que foi adotado pelo Concílio Vaticano II na *Sacrosanctum Concilium*, n. 7:

Com razão, a liturgia é considerada como o exercício da função sacerdotal de Cristo. Ela simboliza através de sinais sensíveis e realiza em modo próprio a cada um a santificação dos homens: nela, o corpo místico de Jesus Cristo, cabeça e membros, presta culto integral.

Entretanto, para tratar de forma eficaz da questão litúrgica, é preciso voltar às fontes primeiras. Para isso, é bom lembrar que foi na escola da oração que as verdades da fé se tornaram claras no coração e na explicação teológica, como diz o famoso axioma: *ut legem credendi statuat lex supplicandi* (para que a norma da oração estabeleça a norma da fé). Este axioma, atribuído a Próspero de Aquitânia, secretário do papa Leão Magno por volta de 435,[1] mostra que "os Padres *primeiro rezavam e depois criam, rezavam para poder crer, rezavam para saber como e o que deviam crer*. Para os Padres e para os teólogos do I milênio, o lugar privilegiado em que estudavam os sacramentos é a Igreja".[2] Dessa forma, a lei da prece foi determinando a lei da fé, e isto constituiu um dos passos mais significativos para a vida da Igreja, para a celebração e para o testemunho da fé.

Entre as ações rituais e a formulação dos conceitos teológicos existiam as ações de testemunho com seu lugar privilegiado na vida cristã. Então, as verdades da fé eram rezadas, testemunhadas e explicadas, de tal forma que não havia um culto litúrgico dissociado de um culto de testemunho, chamado pelo apóstolo Paulo de "culto espiritual": "Exorto-vos, portanto [...] a que ofereçais vossos corpos como hóstia viva, santa e agradável a Deus: este é o vosso culto espiritual" (Rm 12,1).

Agora, a palavra liturgia tornou-se um termo técnico relacionado com a celebração da fé. Isto é maravilhoso, mas traz, a nosso ver, uma preocupação muito grande. Não podemos deixar que a terminologia acabe por incrustar-se somente no contexto celebrativo, de tal forma que fora dele a liturgia não diga nada a respeito da vida cotidiana.

---

[1] Cf. GIRAUDO, Cesare. *Num só corpo*: tratado mistagógico sobre a eucaristia, p. 14.
[2] Ibid., p. 8.

Inspiramo-nos em Jean Corbon, que propôs uma conceituação mais ampla de liturgia, vista como mistério, celebração e vivência cotidiana. O exercício do sacerdócio de Jesus Cristo, no seu caráter litúrgico, não pode ser restrito aos seus momentos rituais, mas a toda sua existência neste mundo. Assim foi a vida de Jesus em seu todo. Ele era ungido pelo Espírito e permaneceu na presença do Pai em todos os momentos de sua vida terrestre.

Não encontraremos muito apoio para essa visão de atuação sacerdotal abrangente na cultura pós-moderna, que é caracterizada por fragmentarismo que leva a um esfacelamento teatral. Em um momento somos uma coisa e no outro, outra. É comum, por falta de iniciação da fé, os próprios cristãos vincularem tanto o sacerdócio batismal quanto o ordenado somente ao espaço sagrado. Isso cria dificuldade para a liturgia, pois esta é avessa ao estilo teatral como sistema de vida. A celebração e a vivência do mistério pascal de Cristo, por causa da verdade e da realidade que representam, são de uma densidade que faz a vida gravitar em torno do altar da celebração e do testemunho no mundo.

Contudo, com uma evangelização de verniz e uma catequese frágil, fica difícil para a reforma litúrgica atingir seus objetivos. Então, é necessário aprofundar o rito e a importância da ritualidade litúrgica. Isso não parece tão claro como deveria ser. No decorrer deste estudo, faremos um esforço para tratar de tal questão.

Por outro lado, é preciso tomar consciência de que a liturgia celebrada só funciona em conexão com a liturgia testemunhada. Tentaremos encontrar uma terminologia para estas duas dimensões da vida litúrgica. É claro que não vai ser fácil, porque liturgia já se tornou um termo técnico para a celebração ritual.

Em conseqüência disso, em nosso texto aparece algumas vezes a expressão "liturgia celebrada", justamente para caracterizar a liturgia como celebração e diferenciá-la da liturgia como testemunho de vida. Usaremos também muito freqüentemente a expressão celebração litúrgica, em vez simplesmente de "liturgia".

No entanto, a liturgia como ação sagrada (ritual) assume maior importância do que parece e o rito se torna um caminho fundamental.

É nessa perspectiva que estudaremos a participação litúrgica, de acordo com os adjetivos que a *Sacrosanctum Concilium* lhe atribui.

I

O direito e o dever à *participação na celebração litúrgica*: "Momento histórico da salvação"[1]

O Concílio Vaticano II, no dia 4 de dezembro de 1963, deu à Igreja e ao mundo a Constituição *Sacrosanctum Concilium* (SC) sobre a reforma da liturgia, o seu primeiro documento que, de certa forma, influenciou os demais e marcou a vida eclesial para o futuro. Nessa Constituição, foi ressaltada a importância da liturgia, fonte e cume das ações da Igreja (SC 10), como também se frisou que é através da participação litúrgica que o mistério de Deus, revelado plenamente em Jesus Cristo, se torna acessível de forma sacramental a todos os cristãos. É justamente sobre a participação litúrgica, direito e dever de todos os batizados, salientando a experiência ritual da fé como *momento histórico da salvação*, que se fundamenta este estudo, tendo como base a *Sacrosanctum Concilium* (SC) e como desafio a experiência mística que a liturgia celebrada pode nos proporcionar.

A mística tem um significado importante no contexto celebrativo, por causa da centralidade do mistério pascal de Jesus Cristo na oração da Igreja. Teologicamente, mística é aquela "experiência que se faz no plano sobrenatural e nas profundezas misteriosas do encontro homem-Deus... experiência que ao longo dos séculos o homem fez desta presença miste-

---

[1] Entre as obras que aprofundam este tema, encontra-se VV. AA. *A liturgia*: momento histórico da salvação. São Paulo, Paulus, 1987. (Coleção Anamnesis 1.)

riosa e, no entanto, clara, secreta, mas também luminosa".² Qualquer pessoa sensata sabe que "há alguma coisa que escapa ao olho e à percepção sensível, e que ressoa no sacrário do coração, capaz de admirar-se diante do mistério de Deus, que não aparece, mas pode refulgir no íntimo de quem anela por conhecê-lo"³ e, assim, configurar-se a ele no segredo do sagrado.

O leitor verá que este estudo navega entre o "religioso" e o "místico", como uma nascente que vai crescendo e percorrendo meandros até se lançar no mar. Entre o "homem religioso", de Mircea Eliade, e o "homem místico", de Karl Rhaner, apesar da base comum, há um longo percurso. É esse percurso que a celebração litúrgica faz, nascendo no mundo religioso como um filete de água que, aos poucos, vai se tornando um rio caudaloso, até se jogar na imensidão do mar, onde os limites se fundem na totalidade do Absoluto. O homem religioso se abre a Deus, o místico transmite Deus ao mundo. A diferença fundamental entre ambos é que o primeiro busca, para além do cotidiano, a experiência de Deus, e o segundo, com sua experiência de Deus, forma o ambiente ou o metabolismo espiritual de base da vida cotidiana.⁴ No entanto, o homem místico supõe o homem religioso como ponto de partida para a experiência mais profunda da condição humana. Não só os santos canonizados, mas todos os batizados, carregam o apelo no coração de experimentar diretamente as delícias da presença de Deus. É como um campo florido, um lago azul ou uma cadeia de montanhas, que, diante das nossas resistências, nos convidam a capitular, para que a beleza se aposse de nós e nos transforme.

Considerado o teólogo místico mais importante do século XX (doutor místico), Karl Rahner profetizou que o cristão do futuro ou será místico ou não será nada.⁵ Em clave litúrgica, diríamos que o cristão do futuro será

---

[2] DEL GENIO, M. R. Mística (notas históricas). In: *Dicionário de mística*, p. 706.
[3] DEL ZOTTO, C. M. Mística natural. In: *Dicionário de mística*, p. 737.
[4] Cf. EGAN, H. D. Rahner Karl. In: *Dicionário de mística*, p. 907.
[5] Cf. id. Devout Christian of the Future...Will be a "Mystic". In: AA.VV. *Theology and Discovery*: Essays in Honor of Karl Rahner, S. J. Milwaukee, 1980, pp. 139-158.

místico por excelência e litúrgico por conseqüência. Assim, poderá oferecer ao mundo uma proposta clara de vida a partir de sua fé celebrada e testemunhada. Um místico desse naipe não será isolado nem cairá nas malhas do fundamentalismo, pois, vivendo em uma comunidade de natureza mística, saberá integrar as realidades históricas com as verdades da fé. Sua vida integral de oração e testemunho terá como eixo a liturgia e, portanto, girará em torno do essencial: o mistério de Cristo e seu reflexo no mundo. Então, sua vida será pascal. Embora pareça muito ideal essa visão cristã, é com base nela que a *Sacrosanctum Concilium* delineia a participação na liturgia, justamente porque uma das preocupações centrais da reforma litúrgica foi voltar às fontes cristalinas das origens.

A mística, além de seu aspecto teológico, é um fenômeno que altera positivamente as potencialidades da pessoa, produzindo efeitos de comunhão e integração no mundo, pois representa um estado refinado da alma e da inteligência humanas. O cristianismo sempre soube lidar com isso. E nós acreditamos que é na oração cristã, destacando-se a litúrgica, que a mística encontra o seu melhor espaço, por causa da possibilidade de salvação que a celebração litúrgica representa. Do ponto de vista fenomenológico, não é difícil estabelecer um vínculo entre a experiência mística e a salvação, como uma profunda integração humana a partir do sagrado. Impressiona-nos como Leonice M. Kaminski da Silva, comentando o pensamento de Robert A. Emmons, fala sobre a experiência mística como iluminação da consciência:

> A experiência mística tem a ver com uma iluminação *sui generis* da consciência, pois proporciona à pessoa um senso peculiar e direto de unidade no ser, um movimento de aproximação inefável do sagrado, no qual todas as fronteiras desaparecem e os objetos são plenificados, iluminados e ressignificados em sua totalidade. A pessoa emerge nesse todo inefável como uma parte integrante.[6]

---

[6] *Revista eletrônica Rever*, n. 3 – ano 1, 2001:< http://www.pusc.br.rever>. 16/1/1996, p. 2.

Ressaltamos a importância da mística no contexto litúrgico, por causa da salvação. Nesse eixo de importância, entra o rito como uma arte sutil e eficaz para o mergulho nas profundezas do sagrado e do coração humano, onde Deus se deixa encontrar.

Depois da encarnação, não necessitamos mais buscar a Deus, pois ele já nos encontrou através do mistério pascal de Jesus Cristo. De forma especial, foi no cenáculo e no calvário que se deu esse encontro. Entretanto, ele não pode ser separado do encontro pascal com Madalena (Jo 20,11-18), que naquele momento tão delicado representava a humanidade ferida em busca de um corpo sem vida para se convencer da derrota. Contudo, ela também intuía que nem tudo estava perdido, do contrário não se teria posto a caminho do túmulo tão cedo. São as lutas da madrugada, em que uma voz diz que tudo acabou e outra insiste em buscar um fio de esperança que tremeluz até mesmo nos sinais de morte (túmulo), pois assim como a aurora traz o dia por um fio de luz, as grandes certezas nascem em meio às dúvidas da noite escura. "Mulher por que choras? A quem procuras?" (Jo 20,15). Esta pergunta continua ecoando com o seu timbre pascal. Ela ensaia, porém, a resposta: "eu vi o Senhor" (Jo 20,18). Tal testemunho mergulhou a Igreja no mistério e arrastou multidões para a fé. Fez Pedro evangelizar e batizar em um dia cerca de três mil pessoas (At 2,41). A questão não é se o método foi correto em vista da iniciação da fé. O que interessa é o nível da convicção apostólica que gerou tantas conversões. É uma forma de dizer que Pedro, como Madalena, viu o Ressuscitado: "pois não podemos, nós, deixar de falar das coisas que vimos e ouvimos" (At 4,20). Se em nossas pastorais não provocamos o entusiasmo que Pedro conseguiu num só dia, é porque nos falta a convicção: "eu também vi o Senhor". Esta é uma questão que acompanha a celebração litúrgica, como mediadora do nosso encontro com o Ressuscitado, encontro que se faz ao longo da vida, mas que tem o seu "momento luminoso", como foi o de Paulo no caminho de Damasco: "Pois eu também já fui alcançado por Jesus Cristo" (Fl 3,12).

Então, seu encontro sacramental conosco continua a se realizar por meio da oração litúrgica, que torna presente o cenáculo, o calvário e o jardim da ressurreição. Nosso principal acesso hoje a esse momento da salvação é litúrgico-sacramental, pois, como diz a SC, n. 2, na liturgia se atua a obra da nossa redenção. Trata-se, portanto, de uma ação mística. No entanto, não deixa de ser histórica, porque a liturgia se dá no tempo. Por isso, ela é o nosso "momento histórico da salvação". Participar na liturgia é ter acesso à salvação. Consciente disto, santo Atanásio diz: "O nosso cordeiro pascal, Cristo, já está imolado (1Cor 5,7). Cristo, esperança dos homens, veio ao nosso encontro".[7]

Diante dessa teologia em que Deus é o protagonista do encontro conosco, a Igreja deve ser "sacramento de acolhimento". Em nossas assembléias litúrgicas, as pessoas deveriam ser recebidas como convidadas que atenderam ao chamado de Deus, mediante a convocação da Igreja. E a maneira de sacramentar a alegria por parte da comunidade é muito importante, desde o acolhimento na porta até a despedida da celebração. Tudo que fizer parte do decurso da celebração deve representar a alegria de Deus pela volta do pecador arrependido (Lc 15,7), simbolizado pela parábola do filho pródigo (Lc 15,11-31), como também traduzir os sentimentos de Jesus, ao acolher os apóstolos para a última ceia: "desejei ardentemente comer esta páscoa convosco" (Lc 22,14). Felizmente, a Igreja está despertando para a sacramentalidade da acolhida litúrgica. É uma forma de colocar em prática a reforma litúrgica do Concílio Vaticano II. O importante é que esse acolhimento signifique um aprofundamento nas relações com a comunidade, e não apenas uma visita litúrgica. A comunidade cristã é uma célula operativa e representativa da presença do povo de Deus no mundo. A forma de cada um se sentir integrado e responsável é também expressão do múnus sacerdotal comum a todos os cristãos.

Dito isto, a primeira nota a acentuar sobre o conceito de participação litúrgica na SC é que se trata de uma ação de todos os membros da assembléia litúrgica. Tem a ver com a unidade fundamental entre os cris-

---

[7] SANTO ATANÁSIO. *Ep. 14,1*: PG 26, 1419.

tãos, concebidos na Constituição Dogmática *Lumen Gentium* sobre a Igreja, do Concílio Vaticano II, como "povo de Deus" e "povo messiânico", cuja cabeça é Cristo.[8] A comunhão e a unidade dos cristãos provêm do batismo. Como estamos tratando de celebração litúrgica, a sacramentalidade tem valor essencial. Por isso, a eucaristia, cume e fonte de toda a vida cristã (LG 11), deve favorecer a visibilidade da unidade e comunhão do "povo eleito de Deus", em cuja vida transparece "uma só salvação e a unidade sem divisão".

A *Lumen Gentium* diz que os cristãos, "alimentando-se do Corpo de Cristo na santa assembléia, manifestam concretamente a unidade do povo de Deus, por este augustíssimo sacramento felizmente expressa e admiravelmente produzida" (LG 11). Isso não quer dizer que não haja diferenciações e variedade de funções, pois a distinção entre ministros ordenados e não-ordenados implica união... "Assim, na variedade, todos dão testemunhos da admirável unidade do corpo de Cristo [...]" (LG 32). Para que tal unidade transpareça na liturgia celebrada, é preciso que haja um profundo envolvimento de todos os que tomam parte no culto litúrgico. Esse envolvimento tem características muito especiais, que abordaremos ao longo deste trabalho, pois é na pluralidade dos ministérios que se manifesta a unidade da liturgia da Igreja.

Os ministérios litúrgicos representam, portanto, distinção e variedade, mas nunca divisão. Quando a divisão se instala, a participação litúrgica arrefece e a própria liturgia deixa de ser manifestação da Igreja. Enfatizando essa comunhão, a Instrução Geral do Missal Romano (IGMR)[9] propõe um gesto simples, mas significativo: "para consagrar as hóstias é conveniente usar uma patena de maior dimensão, onde se coloca o pão tanto para o sacerdote e o diácono, bem como para os demais ministros e fiéis" (IGMR 331).

---

[8] A *Lumen Gentium* dedica todo o capítulo II, *De populo Dei*, à questão do povo de Deus: LG 9-18.

[9] Usaremos neste estudo a Instrução Geral do Missal Romano (IGMR) na sua terceira edição típica, publicada pelas Vozes em 2004 e indicada na bibliografia final.

Não queremos dizer que houve períodos na história da Igreja sem nenhuma participação litúrgica, pois a graça como fruto do mistério celebrado ultrapassa os limites e barreiras tanto do homem como da instituição. Mas foi necessário que um concílio, inspirado por Deus, consciente de que a participação litúrgica apresentava sérias limitações, se lançasse, entre outros desafios, a uma verdadeira reforma da liturgia, a fim de que todos os fiéis batizados pudessem ter estímulo e orientação para participar de modo mais eficaz da celebração do mistério de Cristo e vivenciá-lo mais profundamente no testemunho cotidiano, o que ele mesmo nos deixou como testamento e memorial.

Entretanto, a participação precisa ser mais estudada para entendermos o que Jesus Cristo, liturgo por excelência, quis nos ensinar com o duplo mandamento: do amor até as últimas conseqüências e da celebração do seu memorial pascal.

O mandamento do amor foi expresso na última ceia, por meio do lava-pés (Jo 13,4), a grande metáfora do serviço fraterno, formulado na homilia de despedida, com os termos: "Amai-vos uns aos outros como eu vos amei" (Jo 15,12) e, finalmente, testemunhado de forma extrema na cruz.

No mesmo contexto, o mandamento da celebração pascal da nova Aliança para perpetuar o sacrifício da cruz foi expresso com as palavras: "Fazei isto em memória de mim" (1Cor 23,23; Lc 22,19).

Então, para a Igreja primitiva, a celebração do mistério pascal de Jesus Cristo não estava dissociada da vivência do dia-a-dia. Por isso, aquela primeira fase do cristianismo é especialmente conhecida como o tempo dos mártires e dos confessores da fé. Portanto, não havia uma separação abrupta entre o rito celebrado e o testemunho cotidiano, como era a prática dos fariseus e pode ser a nossa tentação também.

Nesse sentido, antes de aprofundarmos o tema da participação litúrgica, gostaríamos de abordar uma limitação ainda não superada. Trata-se da nossa relação com a liturgia em todas as dimensões da vida. Normalmente, compreendemos como liturgia somente as ações rituais, como se as outras não tivessem relação com a celebração. Foi justamente essa limitação que Jesus Cristo veio superar, abrindo um caminho novo à deriva do mundo farisaico.

Chamamos a atenção para o binômio: *liturgia* e *vida*. Se o entendermos como dois pólos separados ou simplesmente justapostos, não alcançaremos a compreensão do que significa liturgia na vida e vida na liturgia. Há todo um esforço para se entender esse binômio numa dimensão dinâmica. Quando celebramos a fé, vivenciamos a dimensão ritual da vida. Mas também, quando nos aplicamos às tarefas rotineiras, não podemos perder nossa relação com a liturgia. Então, a vivenciamos na dimensão do testemunho cotidiano, fazendo com que nossas ações comuns também representem um culto de louvor a Deus. Como as ações rituais, nossas ações cotidianas devem louvar a Deus e santificar o mundo. Assim, a nossa vida toda constitui uma liturgia perene, em busca daquela liturgia que no céu se celebra eternamente.

Jean Corbon sistematizou de maneira muito pedagógica a intrincada relação entre liturgia e vida, em sua obra clássica *Liturgia de fonte*. Ele vê a liturgia em três momentos: como *mistério*, *celebração* e *vida cotidiana*.

O mistério é Deus em si, manifesto desde o início do mundo e revelado plenamente na hora de Jesus e da Igreja. No mistério trinitário está a fonte da liturgia, que se reproduz eternamente no céu e se celebra sem cessar na terra, até que soe a trombeta final para em Cristo tudo ser transformado (cf. 1Cor 15,52).

Portanto, como ainda estamos na história, a nossa relação com o mistério exige celebração, realizada na sacramentalidade da liturgia. Então, diríamos que a fonte nos leva ao rito como "rio da vida". Neste estudo, faremos um grande esforço para mostrar de forma científica como o rito é fundamental para expressar a fé. Isto constitui também uma tentativa de frisar a importância da liturgia celebrada no curso da vida, que nasce de uma fonte e precisa continuar se alimentando e crescendo até desaguar no mar. A relação entre mistério e liturgia não é difícil de vislumbrar. O difícil é continuar a liturgia quando o rito termina.

Corremos o risco de encerrar o processo litúrgico, com a bênção final das celebrações, estabelecendo uma ruptura entre as ações rituais e as ações cotidianas. A liturgia não acaba, o que acaba é o rito, a celebração. Ou também podemos dizer que, ao encerrar a liturgia ritual, começa a liturgia vivencial, que se traduz em missão. Os Padres da Igreja tinham muita consciência dessa dimensão vivencial da liturgia. Por isso, era muito forte a dimensão pascal do dia-a-dia, de tal forma que a liturgia vivencial era conseqüência da liturgia ritual. São Gregório Nazianzeno (século IV), em um sermão sobre a festa da Páscoa, convida os cristãos a participarem não só da Páscoa ritual, mas também da Páscoa vivencial, dando-nos uma idéia perfeita da liturgia que continua depois do rito como testemunho na vida cotidiana:

> Imolemo-nos a Deus, ou melhor, ofereçamo-nos a ele cada dia, com todas as nossas ações. Façamos o que nos sugerem as palavras: imitemos com os nossos sofrimentos a paixão de Cristo, honremos com o nosso sangue o seu sangue, e subamos corajosamente à sua cruz.[10]

Se o nosso pensamento for bem entendido, o leitor se convencerá de como é importante o rito no momento celebrativo, justamente para nos ajudar a viver a liturgia dos momentos não-rituais no altar do testemunho cotidiano, o que compõe a maior parte da nossa existência. A eucologia eucarística é muito clara a esse respeito. A oração *depois da comunhão* da quinta-feira da segunda semana da Quaresma suplica: "Ó Deus, que esta Eucaristia continue a agir em nós e prolongue os seus efeitos em nossa vida". Então, o prolongamento da liturgia depois do rito se transforma em testemunho. É a liturgia vivenciada na dimensão do dia-a-dia, ou seja, a "liturgia vivencial".

O Centro de Liturgia de São Paulo acrescenta uma quarta dimensão: a liturgia como ciência.[11] Então, da liturgia de fonte (liturgia–*mistério*) brotam os sacramentos da Igreja (liturgia–*celebração*), que têm sua

---

[10] São Gregório Nazianzeno. *Oratio*. 45, 24: PG 36, 655.
[11] Cf. Centro de Liturgia. *Curso de Especialização em Liturgia*, p. 49.

continuidade na vida comum (liturgia–*vivencial*). Ao mesmo tempo somos estimulados ao aprofundamento da teologia e da prática litúrgica (liturgia–*ciência*), para melhor compreender, celebrar e testemunhar o mistério de Cristo.

Daí é que entendemos hoje essa sede de saber litúrgico que toma conta de nossas comunidades. É a formação litúrgica tão pleiteada pelos cristãos mais envolvidos na Igreja. Eles têm sede de apropriar-se desse conhecimento para deslanchar o processo litúrgico em suas vidas e nas comunidades. Para frei José Ariovaldo, o maior desafio "ainda continua sendo, com certeza, o da formação, não só do ponto de vista prático-celebrativo, mas também histórico-litúrgico em diálogo com as práticas".[12]

Aí está a grande diferença do leigo pós-conciliar. Todos querem descobrir o seu ministério em particular e atuar compreendendo e se sentindo integrado em todo o processo que se desenrola no altar como centro espacial e teológico de toda a celebração eucarística (IGMR 73). No respeito comum e na integração harmônica dos ministérios, foram abolidas as cancelas que separavam o povo do presbitério, sem, contudo, nivelar o espaço litúrgico. A centralidade do altar garante a sacramentalidade tanto do sacerdócio batismal como do sacerdócio ordenado. Não se trata, pois, de uma diferença sociológica que careça de cancelas de separação, mas de uma diferença teológica, que leva ao respeito dos sinais simbólicos.

Frisamos mais um elemento no eixo da participação litúrgica, que é o conceito e o papel do liturgo. Liturgo é o agente na liturgia, quem faz a liturgia, ou seja, cada cristão, que por meio do batismo se torna membro do Corpo de Cristo e deve, por isso, celebrar e testemunhar sua fé. Então, o conceito de "liturgo" como o agente atuante na liturgia não pode restringir-se ao momento ritual, mas, sim, abranger todas as dimensões da vida. Por isso, o liturgo é quem vivencia a fé na celebração e nas

---

[12] SILVA, José Ariovaldo da. Reforma litúrgica a partir do Concílio Vaticano II. In: *Concílio Vaticano II*, p. 311.

ações cotidianas. É o cristão orante e aberto ao mistério, que manifesta uma boa desenvoltura ritual e uma condizente atuação no mundo. Vive como "se estivesse vendo o invisível", tanto na hora de celebrar como no agir de suas tarefas e responsabilidades. Em outras palavras, o liturgo é aquele que faz da vida uma liturgia celebrada e testemunhada, em louvor a Deus e amor ao próximo, traduzindo em gestos concretos aquilo que o lava-pés simbolizou.

Nesse sentido é que Jesus Cristo representa o liturgo por excelência. Sua vida terrena não só se relacionava com o mistério de Deus, mas ele era o próprio mistério em pessoa. Por isso, sua oração fluía na ritualidade e na devoção ao Pai de uma forma invejável. A ternura e o fervor com que Jesus orava levaram os discípulos a pedir: "ensina-nos a orar" (Lc 11,1). Jesus era um modelo de vida de oração. Assim, com sua vida orante, ele demonstrava um amor às criaturas até as últimas conseqüências. Nosso Senhor não foi apenas liturgo nos seus momentos ricos de oração pessoal ou ritual, mas também quando agonizou e morreu na cruz, onde ele mostrou que na sua vida a liturgia vivencial estava em perfeita consonância com a liturgia ritual.

A distância entre o cenáculo e o calvário é muito pequena no tempo e no espaço. Tudo foi muito denso e próximo. Como não poderia ser litúrgico aquele momento em que Jesus agonizava, se a tradição intuiu que "do lado agonizante de Cristo na cruz nasceu o admirável sacramento da Igreja" (SC 5)? Tudo foi essencialmente litúrgico, pois ele não somente apresentou pedidos e súplicas pela nossa salvação durante o culto, mas durante toda a sua vida (cf. Hb 5,7), através da compaixão sem limites pela humanidade. Enquanto morria, Jesus suplicava: "Pai, perdoa-lhes. Eles não sabem o que fazem" (Lc 23,34). Era a liturgia plenamente vivenciada, que Jesus celebrou na cruz, vertendo sangue e água, como total entrega e doação. Não é à toa que o signo pascal de todo cristão é a cruz redentora. Ao receber o santo batismo, o cristão transforma a sua vida em liturgia, ou seja, em adoração a Deus e serviço ao próximo.

As normas litúrgicas pedem um crucifixo sobre o altar da eucaristia ou associado a ele (IGMR 308). Para nós, isso é uma perfeita demonstração de que não há separação entre a liturgia ritual e a liturgia vivencial, embora cada uma tenha suas características e seus momentos próprios. Ao carregar sobre o peito (símbolo do altar do coração) um crucifixo, o cristão consciente proclama que toda a sua vida é pascal, na integração da liturgia celebrada e testemunhada. Dessa forma, sua relação com o mistério não cessa nunca. Assim, o crucifixo, como sinal sensível de adesão a Cristo, vai ocupando os espaços cristãos, em evocação ao mistério crido, celebrado e testemunhado.

Então, partimos da consciência dessa visão integral da liturgia em todas as dimensões da nossa vida. Bebemos na fonte do mistério, celebramos ritualmente (SC 48), vivenciamos nos testemunhos de uma vida imbuída da presença do Ressuscitado e, ainda, aprofundamos a ciência litúrgica para celebrar melhor e amar mais.

II

A oração como resposta: seu aspecto exterior e interior

Para aprofundar a participação litúrgica, antes se faz necessária uma definição teológica de oração, a fim de podermos melhor compreender a estrutura da oração litúrgica. Interessa-nos também uma visão clara da dimensão exterior e interior da oração. Assim, será possível estudar com mais agilidade os adjetivos que qualificam a participação litúrgica.

Os tratados da oração são muito diversificados, conforme as várias espiritualidades das diferentes épocas. O que há de comum entre todos eles é a *transcendência* e o reconhecimento de que Deus é o *protagonista* na relação conosco.

1. A oração como ato de transcendência

Transcendência é um conceito filosófico-teológico que indica a realidade para além do que os nossos sentidos captam e a ciência humana pode controlar (isto seria a imanência). O aspecto da transcendência da oração manifesta-se já no interlocutor do nosso diálogo orante. Toda oração pessoal ou litúrgica, no seu gênero estrito, é dirigida diretamente a Deus, modelo em que se encaixa de modo perfeito a oração do pai-nosso, a qual o próprio Jesus nos legou. É por isso que na liturgia das horas não se faz o convite *oremos* entre o pai-nosso e a oração final nas laudes e nas vésperas, uma vez que ambos são rigorosamente *oração*. Portanto, quando oramos individual ou liturgicamente, atravessamos a barreira do visível para nos colocar na dimensão do transcendente, ou seja, do invisível. Esse é o primeiro nível de qualquer oração, cristã ou não.

A oração cristã, por sua vez, se realiza no contexto da revelação. Trata-se, então, de um segundo nível de oração, mediada por Jesus Cristo, o Filho de Deus e Verbo encarnado. Tal oração não se dirige a um deus genérico ou vago, mas ao Deus trinitário, Senhor do mundo e condutor da história. Por isso, ela é direcionada ao Pai, pelo Filho, no Espírito Santo. É a oração mais perfeita, porque vai ao coração do mistério. É preciso, então, observar duas normas da oração litúrgica: em primeiro lugar, diferenciar a oração de tudo o que não é estritamente oração, ou seja, uma monição, a apresentação de intenções[1] etc.; e, em segundo lugar, estar atento para o aspecto trinitário e sua mediação cristológica. Na celebração litúrgica não são comuns orações dirigidas de modo direto a Cristo e, muito menos, ao Espírito Santo. A oração liturgicamente modelar se dirige ao Pai, pelo Filho, no Espírito Santo. Essa é a espiritualidade do ano litúrgico, girando em torno da celebração do mistério pascal de Jesus Cristo para louvar a Santíssima Trindade. Assim, bem entendido, na liturgia não se louvam os santos, mas por meio deles se louva ao Pai, por Cristo, no Espírito Santo. Também a Mãe de Deus só pode ser celebrada nessa dimensão trinitária da mediação cristológica. Quanto mais aprofundamos o mistério de Cristo, tanto mais emerge a figura de Maria em sua importância e prestígio, por causa do seu papel na *história da salvação*.

---

[1] Normalmente, do modo como fazemos as orações dos fiéis na missa, são apresentadas mais as intenções do que realizadas as orações. É preciso que prestemos atenção na estrutura da oração universal da *Sexta-feira Santa*, para fazermos as nossas preces de forma mais orante.

2. Deus como protagonista da oração

O segundo elemento da oração vem do reconhecimento de que Deus é o protagonista. Na oração, quem toma iniciativa é Deus, porque, sendo Palavra, nos falou primeiro "muitas vezes e de muitos modos... agora nestes dias, que são os últimos, nos falou por meio do Filho, a quem constituiu herdeiro de todas as coisas" (Hb 1,1-2). Nosso engajamento no diálogo com Deus é de resposta, em palavras ou ações. A SC, n. 33, afirma que "na liturgia, Deus fala ao seu povo, e Cristo continua a anunciar o Evangelho. Por seu lado, o povo responde a Deus com o canto e a oração". Então, toda oração é resposta a Deus, que sempre toma iniciativa. A oração litúrgica estrutura-se assim. É por isso que os sacramentos e sacramentais supõem no primeiro momento a proclamação da Palavra, em que Deus fala "hoje" por meio da liturgia celebrada.

A estrutura dialogal de resposta em toda oração, sobretudo a litúrgica, pede uma anamnese, ou seja, a recordação das maravilhas que Deus operou e continua operando até o presente, como Palavra. Tais maravilhas estão incluídas na Palavra de Deus como ação, já que "a Palavra de Deus é viva, eficaz e mais cortante do que qualquer espada de dois gumes; penetra até dividir alma e espírito, junturas e medulas. Ela julga as disposições e as intenções do coração" (Hb 4,12). Portanto, entre Palavra e ação não há separação, pois toda ação divina nada mais é do que a manifestação da Palavra, que se precipitou na calada da noite, "quando um silêncio envolvia todas as coisas" (Sb 18,14), trazendo paz aos homens de boa vontade e ferindo os primogênitos da iniqüidade.

Uma outra maneira de se dizer que Deus falou primeiro é reconhecê-lo como "protagonista do amor". Deus nos amou primeiro, desde a criação. A máxima expressão do seu amor é o Crucificado, que mais do que um grito "meu Deus, meu Deus, por que me abandonaste?" (Mc 15,34), representa um clamor à humanidade: "que me restava ainda fazer à minha vinha que eu não tinha feito?" (Is 5,4). O sangue divino derramado foi a mais plena e definitiva palavra de amor que a liturgia atualiza na história, a fim de que continue até o fim como *história da salvação*.

3. A oração exterior como reflexo da interior

Toda oração, portanto, tem como protagonista o próprio Deus, que sempre toma a iniciativa. Por causa do seu aspecto transcendente, a oração é fundamentalmente uma relação interior de acolhida reverente à Palavra. A isto chamamos de "participação interior". Contudo, precisamos dos sinais, tanto para captar o diálogo divino como para dar a resposta. A oração litúrgica é toda realizada mediante esse regime de sinais. Uma característica fundamental do sinal é ser sensível, ou seja, passível de ser captado pelos cinco sentidos do corpo. Na visibilidade da oração individual, aparecem o silêncio, as palavras e as posturas corporais. Algum sinal exterior, a oração sempre dá.

Toda oração sacramental, por sua vez, tem uma dimensão exterior acentuada, por causa da sua natureza litúrgico-comunitária. Vejamos como a SC toca nesses dois aspectos. Tanto no n. 11 como no n. 48 da SC intuem-se de forma bem clara as duas dimensões da participação litúrgica: interior e exterior. O n. 11 fala de adaptação da mente às palavras e no n. 48, de participação no mistério por meio dos ritos e das preces. Podemos, então, dizer que a mente funciona no nível da participação interior do mistério celebrado, e as palavras e os gestos, na sua dinâmica ritual, configuram a participação exterior, sensível, sacramental. Primeiramente somos estimulados à participação exterior, por causa da repercussão direta nos sentidos do corpo e, em decorrência disso, à participação interior, no diálogo místico direto com Deus.

Sendo assim, em primeiro lugar, a participação litúrgica se faz exteriormente por meio da oração ritual, que configura a dimensão exterior do culto litúrgico. Em segundo lugar e como conseqüência, acontece a participação interior, no nível da experiência mesma do mistério. A participação exterior nunca está em oposição à interior. Muito pelo contrário, ambas fazem parte de um único ato integrado de toda a pessoa, pois a participação exterior é a expressão da interior. Como diz Saturnino Gamarra, "a oração, enquanto expressão verbal da relação com Deus, tem um aspecto interno e externo, uma palavra interior que se expressa em formas externas".² Sem participação interior, isto é, no nível do coração, a oração seria inócua, cansativa e vazia.

Como um único ato integrado, as participações exterior e interior são interdependentes e conexas. A participação exterior está em função da participação interior. Se menosprezarmos o exterior, o interior arrefece porque as portas se fecham. Mas, se sobrecarregarmos o exterior, de tal forma que centralize a celebração, a participação interior estiola e a liturgia passa a ser mais espetáculo do que celebração do mistério de Cristo. Todo espetáculo tem a função de distrair as pessoas, subtraindo-as de realidades ausentes. A liturgia, ao contrário, nos remete para além dos horizontes da própria imaginação: a eternidade de Deus. Pela sua força sacramental, ela nos mostra que, na Igreja peregrina, "o humano é orientado e subordinado ao divino, o visível ao invisível, a ação à contemplação, a realidade presente à cidade futura para a qual estamos caminhando" (SC 2). Então, quando o exterior é mais importante, cada celebração tem de ser diferente para representar alguma novidade atraente. Como a liturgia nos coloca em relação com as realidades que o tempo não corrói, a novidade é sempre representada pelo que Jesus celebrou e mandou a Igreja perpetuar pela ação do Espírito. Celebrado com interioridade, o rito, além de ser sempre igual, é sempre novo, porque um toque do coração nunca é igual ao outro. De nada adiantaria, portanto, sermos tocados pelos sentidos do corpo, se isso não nos conduzisse, na leveza da participação interior, ao toque do coração, como metáfora da interioridade humana.

O coração é a condensação dos sentimentos humanos mais profundos. "Órgão central do sistema de irrigação sangüínea, desde muito cedo considerado sede do princípio vital e das faculdades afetivas, também na linguagem bíblica significa condescendência, desejo, amor."³

---

² GAMARRA, Saturnino. *Teología espiritual*, p. 166.
³ MOHR-HEINZ, Gerd. *Dicionário dos símbolos*, p. 105.

Podemos dizer, portanto, que o coração expressa o nosso ser mais íntimo e verdadeiro que deve participar de todas aquelas ações de uma qualidade especial de significados. Esses significados densos superam as ações simplesmente operativas ou rotineiras. Uma ceia, por exemplo, não é um simples alimentar-se, mas é também celebração. Podemos nos alimentar sozinhos, ao passo que cear exige um grupo e, de alguma forma, se torna uma celebração. É por isso, então, que a ceia entra no roteiro dos significados mais profundos, exigindo um envolvimento da pessoa como um todo.

4. A beleza como via de passagem da oração exterior para a interior

Todo o aspecto exterior da liturgia (participação exterior) deve ser um instrumento a serviço do mistério (participação interior). Então, a pergunta que nos toca é a mesma sobre a qual a teologia sacramentária se debate: "como pode um signo material causar na alma a graça que é espiritual?"[4] Ainda podemos aprofundar a questão, indagando onde e como se dá essa passagem tão sutil e gigantesca do exterior para o interior, do sinal material para Deus, da experiência humana para a divina, do tempo para a eternidade, do visível para o invisível? Para nós, isso só é possível através da beleza como elo e via de comunicação entre Deus e o homem, e vice-versa. Por isso, o princípio geral que rege a sacramentalidade litúrgica é a beleza dos sinais, como expressão de Deus, a fonte da beleza, a qual, por isso mesmo, se torna via de comunicação com o transcendente. Então, a beleza é o canal que nos faz atravessar da oração exterior para a interior, do sinal sensível para a graça significada. Seria entre as causalidades sacramentais algo que chamaríamos de "causalidade estética".

A conceituação de beleza não é muito fácil, mas o que podemos dizer com segurança é que a beleza tem a ver com a harmonia no todo de

---

[4] ARNAU-GARCIA, Ramón. *Tratado general de los sacramentos*, p. 290.

uma determinada realidade. Duas frases de grandes pensadores cristãos nos ajudam a compreender o mistério da beleza: "O Todo no fragmento é a beleza" (Bruno Forte);[5] "Beleza é a totalidade ordenada... a realização da plenitude" (Alceu Amoroso Lima).[6] Na frase de Bruno Forte, o termo *Todo* é a expressão da totalidade que somente Deus pode abarcar, enquanto o *fragmento* é cada coisa onde a beleza sinaliza de alguma forma a presença de Deus. Uma totalidade ordenada, no pensamento de Alceu Amoroso Lima, tanto pode ser a "harmonia no todo" de uma beleza terrena, como também a perfeição de Deus, como beleza máxima e, por isso, fonte de toda a beleza das criaturas.

Por natureza, a beleza é transcendente e, assim, nos faz transcender. Xavier Pikaza afirma que "por beleza e amor o homem pode liberar-se do seu cárcere de sensibilidade, elevando-se sobre a matéria e voltando à sua origem e extrato divino".[7] Deus não é totalmente afastado dos objetos, mas se expressa por meio da beleza deles.[8]

O verbo "expressar" garante duas coisas. Primeiramente ajuda a não criar confusão panteísta, pois o "expressado" está sempre além do sinal que o expressa.

> Aquele que se desvela por si mesmo, o Ser sagrado (= Deus), é transcendência original, sempre irredutível: não parte do conjunto cósmico, nem é elemento de um sistema lógico; não se identifica com nenhuma lei ou norma da história, é sempre um mais além, mistério.[9]

Em segundo lugar, garante que a via normal da manifestação de Deus e da resposta humana passa pelos sinais sensíveis, pelas coisas, pelos fatos, pela história. Portanto, é nas coisas com seus significados e na

---

[5] FORTE, Bruno. *A essência do cristianismo*, p. 155.
[6] AMOROSO LIMA, Alceu. *Palavras de vida eterna*, p. 12.
[7] PIKAZA, Xavier. *El fenomeno religioso*, p. 213.
[8] Cf. ibid., p. 214.
[9] Ibid., p. 213.

história com suas significâncias que o Todo (no dizer de Bruno Forte) aparece na sua beleza. O cosmo adquire, então, uma qualidade especial para que possamos captar a presença divina.

A celebração litúrgica é o lugar por excelência da manifestação da beleza e do amor de Deus, que passam pelo corpo e tocam o coração. Como diz Joan Maria Canals, a beleza tem acompanhado a história da Igreja e, sobretudo, da liturgia, pois a arte litúrgica se fundamenta na teologia da beleza.[10] Por isso, a beleza litúrgica não é uma qualidade acessória, mas pertence à identidade da celebração.

A beleza é, portanto, a forma como Deus se manifesta nas coisas, sem nunca se confundir com elas, sinalizando de maneira visível e atraente sua presença no mundo. O cosmo está repleto da beleza de Deus.

Diante disso, é importante uma palavra sobre o Cristo na cruz e sua representação nos rostos desfigurados descritos pela III Conferência Geral do Episcopado Latino-americano, em Puebla (Doc. Puebla 32-39), para compreendermos em que sentido a ausência de beleza pode nos falar de Deus. Justamente, os rostos descritos por Puebla se configuram ao Cristo desfigurado como servo sofredor que, segundo Isaías, não tinha beleza que atraísse os olhares (Is 53,2). Então, ele tinha uma outra beleza, que transparece na "vítima massacrada" e resplandece no coração tomado de compaixão. Mas esta não é a beleza que passa pelos sentidos. É a que vai direto ao coração. Foi a partir da negação total da beleza como fruto de uma radical oblação pela nossa salvação, que pudemos vislumbrar de forma mística a beleza radical do Amor que se manifestou plenamente na auto-entrega na cruz. Somente a experiência mística pode captar a beleza que se esconde na contrabeleza, porque nesse nível não se fala mais dos sentidos, mas de puro coração. A beleza, como instrumento de transcendência, é a que atua nos sentidos para ser captada agradavelmente. É a beleza sacramental, portanto.

---

[10] Cf. CANALS, J. M. La belleza en la liturgia. *Phase*, n. 221, p. 398, 1997.

Ainda dentro do aspecto sacramental da beleza, gostaríamos de fazer uma referência às equipes de liturgia, para que não atuem só na hora da celebração, constituindo, assim, somente "equipes de celebração". Como já delineamos com certa insistência, a liturgia é mais ampla do que o momento ritual. Com base na teologia do ano litúrgico no seu aspecto simbólico-sacramental, existem várias possibilidades de se trabalhar a beleza na celebração ritual e no espaço litúrgico, sem congestionar o ambiente com dizeres e cartazes, que revelam ignorância simbólica. Os símbolos falam ao coração; os dizeres obrigam à leitura racional. A agressividade dos cartazes, às vezes sobrepostos em peças artísticas, impressiona negativamente. A SC afirma, no n. 122, que as artes, em especial as religiosas e sacras, "espelham a infinita beleza de Deus". Disso se retoma consciência lentamente.[11]

Para isso, pode-se recorrer às cores litúrgicas, sem esquecer que no rito latino tudo concorre para o branco ou o dourado festivo. A princípio usava-se somente a cor branca, que era a cor do vestiário da antiguidade clássica. Desde a época carolíngia (século IX), há notícias de determinadas cores para certas festas; mas só foi por volta do ano 1200 que se adotaram as outras cores como litúrgicas.[12]

Também se pode recorrer à arte floral[13] e a outros recursos para caracterizar liturgicamente o ambiente, pois tudo isto causa profunda impressão aos sentidos, predispondo o coração a ouvir o diálogo divino e responder à altura. Quando se celebra o mistério do Senhor, desde o Advento até sua glorificação, temos uma rica simbologia para cada mistério específico.

Portanto, todo o cuidado para com os sinais captados pelo corpo demonstra conhecimento e consciência da natureza e da eficácia da ce-

---

[11] É com esperança que vemos o Centro Universitário Assunção — Unifai (SP), promover a partir de 2004 um Curso de Arte Sacra, estimulado pela CNBB e organizado pelo Centro de Liturgia da Faculdade de Teologia.

[12] Cf. ROWER, Basílio. *Dicionário litúrgico*, p. 75.

[13] Cf. EMARD, Jeanne. *A arte floral a serviço da liturgia*. (A obra relaciona arte floral e mistério pascal.)

lebração litúrgica como "momento histórico da salvação". Isto nos leva, de um lado, à valorização da ritualidade e, de outro, à urgência da formação litúrgica de todo o povo de Deus, para haurir dessa fonte inesgotável de salvação.

A oração litúrgica dirige-se, desse modo, a Deus, em resposta à sua Palavra que falou primeiro. A encarnação da Palavra é Jesus Cristo; daí toda a oração litúrgica ser por meio dele, como diz a doxologia que encerra a oração eucarística: "Por Cristo, com Cristo, em Cristo". Realizada ritualmente (SC 48), a oração litúrgica tem caráter acentuadamente exterior, mas, por causa da sua missão de atingir o coração do mistério, ela é em essência interior e mística. A passagem do exterior para o interior é possibilitada pela beleza dos sinais sacramentais. Portanto, a beleza é essencial para a oração litúrgica, porque é, ao mesmo tempo, divina e antropológica, constituindo-se, então, como a linguagem de acesso ao mistério.

Vamos, a seguir, falar dos adjetivos com que a reforma litúrgica qualifica nossa participação na celebração litúrgica, de tal forma que ela seja nosso momento histórico da salvação.

III

Qualificações da participação litúrgica na *Sacrosanctum Concilium*

A adjetivação é um recurso precioso da linguagem para qualificar, definir e conceituar os seres com os quais nos relacionamos, facilitando nossa comunicação com o mundo. Então, adjetivo é uma qualidade que acrescentamos a um nome para fazê-lo mais coerente, compatível e harmônico com as nossas sensações ou sentimentos profundos. Em uma interpretação pessoal, a adjetivação é o processo que enfatiza a presença ou a ausência da beleza nas coisas naturais ou trabalhadas pelo homem, como também na relação entre os seres. Isso é muito simples com coisas concretas, como árvore, casa etc. Entretanto, quando se trata de abstrações, como participação, a adjetivação nos ajuda a lidar com uma realidade complexa para evitar esvaziamento ou interpretações equívocas e superficiais. Quanto maior o nível de complexidade, tanto mais múltipla a adjetivação. Por exemplo, Deus é uma realidade tão complexa, que todos os adjetivos não esgotariam sua essência. No caso da participação litúrgica, temos um exemplo de complexidade, pois a *Sacrosanctum Concilium* acrescenta à já suposta participação válida (Cf. SC 11) cinco adjetivos para defini-la melhor: "ativa, consciente, plena, frutuosa e piedosa". No mínimo, estamos diante de uma densidade de conteúdo que só pode ser abarcada mediante um conjunto de adjetivos. Em nosso conceito de adjetivação, diríamos que esses cinco adjetivos querem mostrar a beleza da participação litúrgica, levando em consideração que bondade e beleza se fundem como resumo de todas as virtudes, por causa de sua origem divina. A beleza está intimamente relacionada com a bondade, porque todo bom é belo e todo belo é bom.[1] Uma liturgia bem participada só pode ser profundamente bela, em razão de sua harmonia, proporção e ordem, causando bem-estar e alegria. Teologicamente, o lugar mais próprio da epifania da beleza é a liturgia.

Alguém poderia pensar que, antes do Concílio Vaticano II, os cinco adjetivos mencionados estivessem ausentes do conceito de participação litúrgica. É um engano, pois, como já assinalamos, ao conceito de participação se sobrepunha a noção de validade. Preocupava-se com a validade do ato litúrgico e a ele se associava também a participação válida do fiel. No entanto, a participação válida é mais complexa e não pode restringir-se apenas à observância das normas, que garantem a validade de uma celebração. Implica uma série de disposições pessoais que signifiquem o acolhimento da graça. Era preciso, então, explicitar essas disposições, de acordo com a natureza da liturgia. Por isso, a SC diz: "é dever dos sagrados pastores vigiar para que, na ação litúrgica, não só se observem as leis para a válida e lícita celebração, mas que os fiéis participem dela consciente, ativa e frutuosamente" (SC 11).

No âmbito da preocupação com a validade, destacou-se o que se chamou de rubrica. A rigor, rubrica significa terra vermelha, enfatizando a cor rubra. Na Idade Média, foi de primeiro chamado de rubrica "metonimicamente o título das leis canônicas porque se costumava escrevê-lo em cor vermelha".[2] Falando de maneira explícita, a aplicação das rubricas à liturgia é feita somente a partir do século XIV, quando nos manuscritos começaram a aparecer as orientações ou prescrições rituais, que também eram escritas em vermelho. O primeiro livro litúrgico impresso a usar as rubricas foi o Breviário, no século XIV. Os missais impressos somente o fizeram a partir dos meados do século XVI. A interpretação da reforma tridentina, por causa da sua preocupação em organizar a liturgia e evitar abusos, foi dando às rubricas um caráter eminentemente

---

[1] Cf. PANELLA, Federico L. La belleza en la liturgia. *Phase*, n. 253, p. 9, 2003.

[2] ROWER, Basílio. *Dicionário litúrgico*, p. 202.

canônico, pois, de modo curioso, foi nesse campo que elas nasceram. As rubricas se dividiam em duas categorias: as *preceptivas* e as *diretivas*.[3] As primeiras obrigavam, sob pena de pecado; as segundas funcionavam como um conselho ou explicação. Surge, então, a rubricística, que era uma disciplina teológica que ensinava, com método científico, as rubricas.

Por causa da rubricística, que acabou dominando o ensino da liturgia, começou-se a falar de rubricismo, significando em primeiro plano uma qualidade dos especialistas em rubricas. Visto pelo lado mais crítico, o termo passou a representar uma preocupação exagerada com a aplicação correta das rubricas. Por sua vez, as pessoas afeitas em observar as rubricas como preceito, talvez pelo medo de pecar, foram chamadas de rubricistas. O rubricismo foi usado também para indicar a preocupação centralizada na validade canônico-jurídica dos sacramentos. Isso nos mostra uma falta de percepção teológica da liturgia, vista mais como cerimônia dentro do cumprimento estrito daquelas normas que os livros litúrgicos trazem ainda hoje em vermelho para indicar como o rito sacramental deve proceder. Não que essas indicações não sejam importantes, porque a ritualidade é fundamental e as cerimônias fazem parte dela. Mas o que se entende ainda por rubricismo é a pura aplicação jurídico-moral (certo ou errado) das orientações que permeiam os livros rituais.

Nessa perspectiva, a preocupação central acaba sendo a validade da celebração. Diante do risco de nivelamento entre a validade da liturgia e a participação válida do fiel, o Concílio Vaticano II, com a reforma da liturgia, apontou outro caminho, que não despreza as rubricas, mas lhes dá o justo valor com base na teologia litúrgica. Certamente não é o caminho do rubricismo, mas da ritualidade litúrgica. Uma Igreja em oração sabe que fora do caminho ritual não se celebra o mistério. Porém, não pode fazer do rito o objetivo do culto. Tentaremos mostrar neste trabalho que nossa meta é a transcendência e nosso caminho é a ritualidade. Sendo assim, as rubricas são meios importantes para atingir um determinado fim. Elas têm, portanto, muito mais sentido pastoral do que

---

[3] Cf. ibid., p. 202.

canônico. Na reforma litúrgica se previu que as rubricas também estivessem a serviço da participação ativa dos fiéis (SC 31). Isto é muito importante, tanto para se compreender o espírito da reforma litúrgica como para se lidar com as rubricas do ponto de vista pastoral. Então, é hora de olharmos para essas orientações com coração mais aberto e buscar nelas o espírito da reforma conciliar. Assim evitaremos os abusos litúrgicos, que constituem maltrato ao povo de Deus e ferem o seu direito de saciar-se com a Água da vida e alimentar-se com o Pão da eternidade.

Por isso, a *Sacrosanctum Concilium* (SC), no capítulo I, sobre os *princípios gerais para a reforma e incremento da liturgia* (nn. 5-13), ao analisar *a natureza da liturgia e sua importância na vida da Igreja*, trata da necessidade das *disposições pessoais* (n. 11), a fim de que os fiéis alcancem plenamente a eficácia da liturgia. Como já aludimos, o texto conciliar afirma que não basta a participação válida e lícita, mas é preciso participar *consciente, ativa* e *frutuosamente*. Essas três qualificações do verbo participar não se opõem à participação válida e lícita, mas a complementam e dão-lhe sentido, pois fazem parte da natureza da liturgia. Ora, se num ato litúrgico não se considerar de modo profundo a participação do fiel, o processo da comunicação litúrgica deixa de ser um diálogo e pode cair nas garras da magia, cuja eficácia depende da palavra correta e do gesto exato.

É por isso que o n. 11 da SC tem como título: *Necessidade das disposições pessoais*. A participação consciente, ativa e frutuosa é resultado ou encontro de duas forças ou desejos: a graça de Deus, que por meio da liturgia flui como um dom, e a disposição do fiel em acolhê-la com todo o seu coração. Assim a obra da redenção é realizada hoje, isto é, no atual momento histórico em que vivemos. Então, o Concílio Vaticano II não está afirmando que a validade não seja importante. Porém, a participação válida do fiel é mais complexa do que a validade da ação litúrgica, e disto depende que ele alcance a eficácia da liturgia. A Instrução Geral do Missal Romano, no n. 11, diz que é doutrina tradicional da Igreja que o sacrifício eucarístico constitui, antes de tudo, ação do Cristo, cuja eficácia não depende do modo de participação dos fiéis. De maneira evidente, como ação do Cristo, a eucaristia é eficaz em si mesma, independentemente do modo de participação dos fiéis. A nossa questão aqui é que tipo de participação obtém plenamente essa eficácia. Aí, sim, se pode falar com perfeição de modos de participação na celebração litúrgica, para que a eficácia da celebração como ação do Cristo atinja a sua plenitude na vida dos fiéis.

Dessa forma, o Concílio Vaticano II superou séculos de estagnação litúrgico-teológica que marcou muito as práticas litúrgicas. Estamos, por isso, diante de um horizonte que não conseguimos atingir até agora. Nossas celebrações litúrgicas deveriam ser o principal chamariz da Igreja e o momento cume e fonte da nossa vida de fé. Se elas são frias, vazias, ideológicas ou abusivas, temáticas, tumultuadas, confusas, é porque na formação litúrgica há muito ainda que fazer. Esse é um desafio maior, talvez uma prioridade do futuro, pois o povo de Deus, como ave de arribação, está sempre em busca de calor e alimentação.

Ao propor a formação para a participação ativa na liturgia, a *Sacrosanctum Concilium*, n. 14, acrescenta mais um adjetivo:

> É desejo ardente da mãe Igreja que todos os fiéis cheguem àquela plena, consciente e ativa participação na celebração litúrgica que a própria natureza da liturgia exige e à qual o povo cristão, "raça escolhida, sacerdócio real, nação santa, povo adquirido" (1Pd 2,9; cf. 2,4-5), tem direito e obrigação por força do batismo.

Então, além de consciente, ativa e frutuosa, a participação litúrgica precisa ser *plena*. Esses adjetivos, como o texto mostra, querem frisar que a ação litúrgica está vinculada ao sacerdócio comum de todos os cristãos. Trata-se, portanto, de reconhecer como protagonista da participação litúrgica o sacerdócio batismal, a serviço do qual o sacerdócio ministerial se ordena.

Por fim, o capítulo II, no n. 48, falando da eucaristia, diz que a Igreja procura, solícita e cuidadosamente, fazer com que os cristãos não assistam a esse mistério de fé como estranhos ou expectadores mudos, mas participem na ação sagrada *consciente, piedosa e ativamente*, por meio de uma boa compreensão dos ritos e preces. Portanto, com o acréscimo de mais uma qualificação, a participação *piedosa*, são seis os adjetivos que qualificam a participação litúrgica: *válida, plena, ativa, consciente, frutuosa e piedosa*.

Os cinco adjetivos acrescentados à participação válida (já suposta) têm a ver com a eficácia da liturgia do ponto de vista do fiel. Deus sempre é eficaz e quem promove a ação litúrgica deve fazê-lo em nome da Igreja. O que queremos frisar, porém, é que a reforma do Concílio Vaticano II percebeu a lacuna em relação à participação dos féis. Se Deus é perfeito e a Igreja tem milênios de experiência para preparar suas lideranças litúrgicas, então, por que as nossas celebrações litúrgicas, muitas vezes, não são o principal atrativo como fonte e cume para a espiritualidade do povo de Deus? É que a eficácia da celebração litúrgica, como um encontro divino e humano, depende também do engajamento de quem celebra. Essa dimensão antropológica deu um novo rumo para a celebração da Igreja.

A plena eficácia da celebração litúrgica, dita de forma mais teológica, é a glorificação de Deus e a santificação humana (SC 10). A glorificação de Deus é a dimensão não-exclusiva, contudo, mais especificamente cultual, promovida pelo trabalho apostólico que "ordena-se a conseguir que todos os que se tornaram filhos de Deus pela fé e pelo batismo se reúnam em assembléia, louvem a Deus na Igreja, participem do sacrifício e comam a Ceia do Senhor" (SC 10). Esta é nossa vocação última e deve ser o desejo mais ardente que nos impulsiona a caminhar pela história comprometida e serenamente, libertos dos apegos e paixões egoístas, como Jesus que "tendo amado os seus que estavam no mundo, amou-os até o fim" (Jo 13,1). Entretanto, não são as forças humanas que nos conduzem a esse modo de viver. Só podemos viver assim, guiados pelo Espírito Santo. Um termo clássico é empregado para indicar a vida guiada pelo Espírito Santo: "espiritualidade". Diz respeito à ação do Espírito Santo em nossa vida e na Igreja. A teologia mística costuma usar o termo "inabitação" para designar a habitação do Espírito Santo em nós e na Igreja como num templo (LG 4). Segundo a Oração do dia, no 6º Domingo do Tempo Comum, isso depende também da forma como se conduz a vida cristã: "dai-nos viver de tal modo que possais habitar em nós". Esta é a vocação fundamental do povo de Deus, que deve servir o seu Criador em santidade, cada um pelo seu caminho, conforme a sua condição ou estado (cf. LG 11).

Assim, quando utilizamos o termo santificação em referência à eficácia da liturgia, estamos caracterizando a capacidade da liturgia de dar frutos, não somente como oração, mas também na vida cotidiana. Aos que crêem, a Igreja tem o dever de, além de incentivar a vida sacramental, ensinar a guardar e realizar o mandamento do amor, simbolizado pelo lava-pés da última ceia (Jo 13,34). A SC diz que cabe à Igreja incentivar todas as obras de caridade, piedade e apostolado, e "a liturgia, por sua vez, impele os fiéis, saciados pelos 'mistérios pascais', a viverem 'em perfeita união', e 'pelo que sejam féis na vida a quanto receberam pela fé'".

Os fiéis, por meio da liturgia, são impelidos à imperiosa caridade de Cristo (SC 10). Portanto, o louvor litúrgico, ao nos abrir para Deus, compromete-nos com o próximo e com a história. Mais do que todas as religiões, o cristianismo valoriza a história. Para nós, os acontecimentos ganham uma dimensão de teofania,[4] pois a história é o lugar da manifestação de Deus. Nosso tempo litúrgico não é a evocação de um tempo mítico, mas a atualização de um tempo histórico em que Deus, mediante o mistério pascal de Jesus, visitou e salvou o seu povo. Nessa perspectiva, a história se torna *história da salvação*, fundada na pascalidade do rito celebrado em conexão com os eventos de libertação que caracterizam as maravilhas de Deus no mundo.

Então, podemos deduzir que a SC entende a espiritualidade como a vida globalmente vivida no Espírito. É nesse contexto que a liturgia tem sua eficácia, da qual deriva a sua importância. Vista como fonte e cume, onde nascem e para onde se ordenam todas as outras atividades

---

[4] Cf. ELIADE, Mircea. *O sagrado e o profano*: a essência das religiões, p. 97.

eclesiais, a liturgia saiu muito fortalecida do Concílio Vaticano II. Todavia, a importância desse fortalecimento não se dá na ordem de grandeza, mas no poder de articulação e de convergência que ela representa, já que para a liturgia toda a ação da Igreja se ordena como finalidade (SC 10). Se tudo brota da liturgia e tudo converge para a liturgia, o nível de participação litúrgica tem de ser muito acurado.

IV

Participação litúrgica ativa

*É preciso caminhar
com leveza
sobre a terra*
(A. Naess).

O Código de Direito Canônico de 1983, influenciado pela reforma litúrgica do Concílio Vaticano II, afirma que "as ações litúrgicas, uma vez que por sua própria natureza implicam a celebração comum, sejam celebradas, onde for possível, com a presença e participação ativa dos fiéis" (Cânone 837 § 2). Essa celebração ativamente participada não é somente sacramento da Igreja Católica universal, mas também da Igreja local que cada diocese representa, e que acabou por tornar-se uma redescoberta fundamental do Concílio Vaticano II.[1] A SC afirma que

> a principal manifestação da Igreja se faz numa participação perfeita e ativa de todo o povo santo de Deus na mesma celebração litúrgica, especialmente na mesma eucaristia, numa única oração, num só altar a que preside o bispo rodeado pelo seu presbitério e pelos seus ministros (SC 41).

O adjetivo *ativo* tem a ver com o verbo *agir*. O agir supõe que alguém seja o *sujeito* de uma ação, do contrário, seria o *objeto* ou o *paciente*,[2] aquele que sofre a ação, caracterizando aí uma participação passiva. Então, de uma ação podemos ser sujeitos ou objetos. Uma participação

---

[1] ALMEIDA, Antônio José de. Por uma Igreja ministerial. In: *Concílio Vaticano II*, p. 341.

[2] O sentido filosófico do adjetivo *paciente* é "o que sofre ou é objeto de uma ação"; e o sentido gramatical é "aquele que recebe a ação praticada por um agente": *Novo Dicionário Aurélio*, 1986, p. 1.244.

ativa supõe necessariamente que alguém seja sujeito de uma ação que pratica, seja ela qual for, como, por exemplo, a ação de ver, falar ou ouvir. Em todos estes casos, deve existir um nível de interesse que mantenha a comunicação viva. Quando alguém não tem nenhum interesse que o faça se sentir envolvido no processo comunicativo, sendo obrigado a suportar pacientemente uma ação que se desenrola sem um mínimo envolvimento da sua parte, então se chega ao nível da participação passiva.

O mundo globalizado em que vivemos não suporta, em tese, a comunicação passiva e está criando, mesmo que virtualmente, um sistema no qual a passividade é repudiada. Segundo Lucia Santaella, a

> emergência da cultura digital e seus sistemas de comunicação mediados eletronicamente transformam o modo como pensamos o sujeito, prometendo alterar a forma da sociedade. Esta cultura promove o indivíduo como uma identidade instável, como um processo contínuo de múltiplas identidades, instaurando formações sociais que não podem ser mais chamadas de modernas.[3]

O que nos chama a atenção é o papel da interatividade que esse sistema tem criado, pois "as mídias digitais com suas formas de multimídia interativa estão sendo celebradas por sua capacidade de gerar sentidos voláteis e polissêmicos que envolvem a participação ativa do usuário".[4] Dentro desse sistema,

> as imagens vistas no painel são acionadas pelo usuário no computador, de modo que tudo o que se vê é resultado de várias interações: entre o criador e as empresas produtoras de interfaces envolvidas, entre o público e o criador e desses com os realizadores.[5]

Tudo indica que o futuro da comunicação digital tende a estimular a participação ativa dos seus usuários, sobretudo em relação às poten-

---

[3] SANTAELLA, Lúcia. *Cultura e artes do pós-humano*: da cultura das mídias à cibercultura, pp. 126-127.
[4] Ibid., p. 146.
[5] Ibid., p. 149.

cialidades e preferências, mesmo como simulação. Contudo, ninguém pode negar que a participação ativa se tornou o *slogan* do momento e que no futuro, principalmente por causa da cultura digital, não haverá muito espaço para aquilo que for considerado pura passividade.

Um dos grandes méritos da reforma litúrgica conciliar foi enfatizar, como num *refrão*, a participação ativa de todos os fiéis batizados na celebração do mistério pascal de Jesus Cristo. Embora faça parte da natureza da liturgia celebrada e da prática dos primeiros séculos, tal prática acabou sendo bastante obscurecida num determinado período da história, por causa da maneira de o clero atuar na celebração litúrgica, deixando à margem a participação de todos os fiéis batizados, os quais, aos poucos, foram relegados a um papel de mera assistência ao mistério celebrado. Foi daí, então, que a expressão *assistir à missa* se tornou linguagem técnica, tanto do ponto vista oficial como popular.

Para fugir do *slogan*, a participação ativa, como a melhor maneira de celebrar a fé, carece de um aprofundamento. Lembremo-nos também de que o homem do futuro, seja qual for sua realidade, pois alguns já o chamam de pós-humano, não aceitará a comunicação passiva, quase como um dogma dos tempos vindouros.

1. A participação litúrgica é essencialmente ativa

A liturgia, por natureza, requer um tipo de participação ativa muito especial. Podemos constatar isso já em sua etimologia. A palavra liturgia vem do grego (*leitourgia*) e significa *ação* ou *trabalho* em favor do povo. Queremos colocar o acento no termo ação (*ourgia*). Em português, muitas palavras orginárias do grego, por exemplo, *teologia*, *biologia*, entre outras, significam *discursos* sobre algum tema (Deus, vida etc.). Liturgia não tem a mesma raiz. Discursos em grego são *logia*, enquanto *ourgia* são ações. Se a celebração litúrgica fosse *logia*, não garantiria o tipo de participação ativa que sua natureza exige. Tomando parte de um discurso, os ouvintes, quanto muito, emitem algumas reações esporádicas. Mas isso não é suficiente para a celebração litúrgica, que exige mais interação. Não que os discursos não sejam úteis e até benfazejos no seu devido contexto. Nos momentos celebrativos, porém, eles estão fora de contexto, porque são impróprios para as ações rituais.[6]

A celebração litúrgica expressa, alimenta e fortalece a fé (SC 59). Para o aprofundamento da participação ativa, interessa-nos mais a dimensão da celebração como expressão da fé. Portanto, não se trata de reflexão sobre a fé, como a teologia, em que, em geral, é necessário aquietar o corpo em favor de uma atividade mais mental ou racional. A liturgia celebrada, ao contrário, além de ser profundamente mental, coloca todo o corpo em postura ativa de cunho ritual.

Uma outra diferença é que, na reflexão, o caminho leva ao mais individual possível. Nesse sentido, cada um faz seu próprio caminho. Numa celebração litúrgica, o caminho é percorrido junto. Por isso, toda oração rigorosamente litúrgica é sempre na primeira pessoal do plural: é o *nós* da assembléia litúrgica. Como conseqüência, a assembléia é fundamental para a celebração da fé. Assim, não se celebra só, mas comunitariamente, de forma ordenada e bem coordenada, como podemos observar no rito processional do Antigo Testamento:

> Contemplamos, ó Senhor, vosso cortejo que desfila, é a entrada do meu Deus, do meu Rei, no santuário; os cantores vão à frente, vão atrás os tocadores, e no meio vão as jovens a tocar seus tamborins. Bendizei o nosso Deus, em festivas assembléias (Sl 67/68,25-27).

Uma procissão litúrgica é um exemplo de como todo o nosso ser se envolve em uma ação sagrada ordenada e bem coordenada. Esta é uma das características de toda ação ritual. Ela representa uma ação corporal integrada, tanto no sentido individual como comunitário.

---

[6] Por aí já dá para entender que discursos destroem a liturgia, pois agem na contramão da sua natureza. É como se um operário metalúrgico quisesse fazer discursos sobre os metais; estaria fora de função.

Fé e ação também estão intimamente ligadas, pois a fé é uma resposta integral e obediente à autocomunicação de Deus, levando a pessoa a uma decisão fundamental que engloba todas as dimensões da vida. Então, de um lado, a fé carece da ação cotidiana para ser testemunhada e, de outro, da ação celebrativa para se expressar ritualmente. Tanto no cotidiano como na celebração litúrgica, a fé se revela mediante posturas ativas. Podemos até dizer que uma pessoa que não consegue praticar a caridade nem celebrar o mistério de Cristo não tem fé. Como opção de vida que representa obediência à vontade de Deus, a fé exige ao mesmo tempo fadiga do testemunho como repouso que a beleza da ritualidade litúrgica proporciona.

Ora, se a celebração litúrgica simboliza a manifestação da fé, então ela é, por natureza, ativa. O diálogo é sempre iniciado por Deus, mas o homem compromete-se com uma resposta dinâmica, tomando parte ativa no processo. O fato de Deus iniciar o diálogo constitui a oportunidade de amor que ele dá de comunicação e participação ativa. É da índole da ação ritual religiosa, como comunicação simbólica, ser ativamente participada. Segundo R. Haight,

> uma primeira dimensão da comunicação simbólica consiste no fato de que demanda participação. A comunicação simbólica não é objetiva, no sentido de que pode realizar-se sem o engajamento subjetivo ou existencial daquele sujeito em que está sendo processada.[7]

Perguntamo-nos, então, por que numa ação ritual o corpo, como símbolo realizante do nosso ser, precisa se envolver ativamente? A resposta é que tal envolvimento constitui uma exigência fundamental da comunicação simbólica, na qual as palavras formam expressão e os gestos e as coisas entram na "dança dos significados" e no "movimento das palavras". Nesse tipo da comunicação, o corpo manifesta os sentimentos em forma de expressões. Por isso, além de ser símbolo de nós mesmos, é visto na antropologia bíblica como sacramento de Deus:

---

[7] HAIGHT, R. *Jesus, símbolo de Deus*, p. 237.

No âmbito dessa concepção bíblica da semelhança de Deus — como a de um ser humano real — como o ser humano vivo, masculino–feminino, repousa o significado central de uma antropologia bíblica, a qual descobre, no corpo concreto, a presentificação simbólica, melhor ainda, sacramental de Deus.[8]

Como sacramento de Deus, o corpo se torna um desafio litúrgico, pois toda a nossa subjetividade se coloca em função da vivência de significados transcendentes. Quando numa oração litúrgica a mente resiste à transcendência, podemos ler isso tranqüilamente por meio da postura corporal.

2. A celebração litúrgica é necessariamente uma ação ritual

Liturgia é essencialmente ação celebrativa (serviço à fé), ou ação de testemunho (serviço ao mundo). Então, perguntamo-nos: que tipo de ação constitui uma celebração litúrgica? Em outras palavras, como a liturgia celebrada nos coloca em ação, integrando corpo, mente e espírito? Não podemos confundir a participação celebrativa com a participação em sala de aula, num teatro ou num *show*, porque em tais tipos de atividades há um envolvimento predominantemente unilateral da razão ou das emoções. Em uma sala de aula, o discurso é dirigido ao universo racional dos estudantes, enquanto num *show* a comunicação é eminentemente emocional. A comunicação litúrgica é de outra ordem, em que se envolve a racionalidade da fé com a densidade das emoções. A fuga de uma celebração racional e discursiva que transformasse o culto litúrgico num *show* não representaria avanço nem para a celebração nem para a fé. Na liturgia celebrada, razão e emoção se entrelaçam e se completam. São elas que ordenam a pessoa, porque suprimindo uma delas, o ser humano entra em processo de desordem. O mundo dos humanos não pode ser nem de frias máquinas pensantes nem de fanatismos exorbitantes. Por isso, toda verdadeira religião é dotada de sabedoria que cria ordem

---

[8] SCHROER, Silvia & STAUBLI, Thomas. *Simbolismo do corpo na Bíblia*, pp. 12-13.

na pessoa e no mundo. Como diz Aldo Terrin, "na verdade, uma religião nasce direta ou indiretamente porque descobre e se torna fiadora de uma ordem do mundo que deve ser observada e respeitada em todos os seus aspectos".[9] De certa forma, tal ordem parte da idéia de que o mundo tem o seu eixo, a partir do qual tudo funciona de forma ordenada.

A participação litúrgica, portanto, tem por natureza que envolver a pessoa inteira num processo de comunicação que ultrapassa os limites do sensível, mas não as fronteiras da história, pois quando o homem se integra em Deus, também ajuda na integração do mundo, vítima da desintegração do pecado. O ponto máximo dessa integração se dá na comunhão entre o céu e a terra em Cristo Ressuscitado.

Nesse sentido, no universo da liturgia temos uma palavra de cunho profundamente teológico-litúrgico para expressar a comunhão entre o céu e a terra, com base no mistério de Cristo celebrado como "momento histórico da salvação". Quando em nossa oração litúrgica dizemos "hoje", referimo-nos à realização atual de cada evento do mistério de Cristo, perpetuado pela celebração da fé, segundo o ano litúrgico. Santo André de Creta (século VIII) convida os cristãos a subirem ao monte das Oliveiras na celebração do domingo de Ramos, pois "hoje Cristo volta de Betânia e se encaminha voluntariamente para aquela venerável e santa paixão, a fim de realizar o mistério da nossa salvação".[10] Seguindo a mesma linha, o prefácio do Natal III diz: "Realiza-se hoje o maravilhoso encontro que nos dá vida nova em plenitude". No prefácio da festa do batismo do Senhor, rezamos: "Hoje, nas águas do rio Jordão, revelais o novo batismo, com sinais admiráveis". Na vigília pascal a Igreja proclama: "nesta noite, Cristo, nossa Páscoa, foi imolado" (Prefácio Pascal I). Já no prefácio da solenidade de Pentecostes, a voz da Igreja ressoa como o hino que a esposa canta ao Esposo, festejando a promessa cumprida: "hoje, derramastes o Espírito Santo prometido". Estas orações têm também o objetivo de proclamar que Deus cumpre suas promessas e realiza o que diz.

---

[9] TERRIN, Aldo Natale. *Antropologia e horizontes do sagrado*, p. 320.

[10] *Oratio 9 in ramos palmarum*: PG 97, 990.

Então, os cristãos compreenderam que, ao celebrar na liturgia os mistérios de Cristo, refaziam de modo místico a trajetória do Senhor e com o Senhor e, assim, experimentavam toda a obra da salvação que nos foi ofertada pelo Pai de forma gratuita, por meio da Páscoa do Filho, e apresentada hoje liturgicamente por obra do Espírito Santo.

Sendo assim, que tipo de ação pode fazer um mistério historicamente radicado no passado acontecer no presente, de tal forma que o homem de hoje participe de maneira tão ativa quanto o de ontem? Só poderia ser uma ação ritual, pois a antropologia cultural reconhece que o mais importante na análise dos ritos não está na sua eficácia instrumental, mas "no fato de *permitirem certo comportamento ativo*, mesmo onde já não é absolutamente possível um controle técnico da situação externa".[11] Essa essência participativa do rito vem da sua índole de "atuação" e "desempenho", que a língua inglesa traduz com a palavra *performance*. "O rito é uma *performance*, consiste num conjunto de códigos que unem a todos os níveis para formar uma *Gestalt*, uma vivência particular organizada em nível comunitário".[12] Por isso, a liturgia celebrada é *essencialmente* "ação" e *necessariamente* "rito". O que lhe dá o caráter interativo é o rito, por meio do "movimento das palavras". Isto exige *performance*. Assim, a celebração litúrgica é, por natureza, *ação ritual*.

O rito é, portanto, o melhor recurso humano para a participação ativa e interativa, pois sua natureza constitui-se como uma "função ativa", ou "simbolismo de atuação". Justamente participar é *fazer parte, tomar parte em um todo* (*Dicionário Aurélio*, 1986, p. 1.273). Entendemos como participação ativa o envolvimento numa ação que, mesmo sendo parte, nos dá acesso ao todo. As ações comuns quase nunca podem fazer tal papel. Elas são muito fragmentadas e fragmentárias. Como normalmente é impossível o acesso direto ao todo, senão por meio das partes, precisa-se garantir aquelas ações que nos dêem esse aspecto holístico da vida.

---

[11] TERRIN, Aldo Natale. Antropologia Cultural. In: *Dicionário de liturgia*, p. 74.

[12] Ibid., p. 290.

Por que são tão importantes os momentos que nos fazem sentir parte do todo? Porque são eles que dão a unidade da vida e a inteireza da pessoa e do grupo social, sem o que a vida poderia se fragmentar tanto, que o ser humano se sentiria como um vaso quebrado, perdendo sua solidez e referências vitais. Significaria, então, perda de identidade e de conteúdo; uma situação crítica, mergulhada numa sensação de morte.

a) O rito é essencialmente ativo, e não narrativo

Do ponto de vista antropológico, há dois caminhos muito especiais para o acesso ao todo da vida: o mito e o rito. Entretanto, há uma diferença fundamental entre ambos. Os mitos são em geral narrativos, enquanto os ritos são ativos, justamente por serem *performance*. Por isso, "um rito é inapreensível; é vivido, é experimentado e participado, não é narrado; é um 'hipertexto', e não somente um texto linear capaz de ser transcrito e relatado".[13] Rito é um "evento", e não um relato. Dionísio Borobio afirma que "se os mitos são a explicação teórica da experiência, os ritos são a explicação prática. O mito pertence à ordem da narração, o rito à ordem da ação".[14] A narração mítica nos recorda as fontes criadoras, enquanto a celebração ritual nos faz ter acesso a elas. Para Xavier Pikaza, o "rito é de forma geral o gesto que recorda e revive, através de sinais expressivos, o poder criador do divino".[15] Portanto, na sua essência, o rito está ligado à esfera da religião, que não é um modo de pensar, mas de atuar no mundo. O mito funciona por meio de um simbolismo de conhecimento, contado narrativamente, enquanto a religião se enquadra no plano do simbolismo de ação, celebrado em forma de ritual.

Às vezes, certas maneiras de celebrar parecem mais narrativas. A narração como tal não serve para a celebração. Ela permite buscar um fato histórico do passado para revivê-lo no presente, por meio da lem-

---

[13] TERRIN, Aldo Natale. *Antropologia e horizontes do sagrado*, pp. 290-291.

[14] BOROBIO, Dionisio. *A celebração na Igreja*, vol. 2, p. 422.

[15] PIKAZA, Xavier. *El fenomeno religioso*, p. 220.

brança; enquanto o rito nos faz viver no presente o mesmo fato do passado, mediante a celebração. Portanto, se o mito provoca a lembrança, o rito evoca a presença.

Por causa disso, somente por meio do rito podemos celebrar a liturgia cristã. Ao recorrermos à antropologia cultural para fundamentar o rito cristão na sua *performance*, em nenhum momento o consideramos apenas como rito, mas como rito/sacramento, expressão muito cara a Aldo Terrin. É justamente no rito cristão que a *performance* adquire muito mais força, pela "sua capacidade de transformar o crente, enquanto possui uma força toda particular de realizar, através dos signos, um novo modo de ser".[16] Aldo Terrin considera a *performance* do rito/sacramento a mais "completa" e "global".[17]

Diante do que foi dito, fica claro que só o rito pode nos dar a dimensão do todo de uma celebração. Na ordem cerimonial, ninguém faz tudo, mas apenas uma parte harmônica do todo. Por isso, nenhuma presidência litúrgica pode subjugar o rito, mas deve colocar-se na postura de servidor da sagrada liturgia (cf. IGMR 24), garantindo a fluência e a unidade da arte ritual.

A Instrução Geral do Missal Romano, n. 58, diz:

> Na assembléia reunida para a Missa, cada um tem o direito e o dever de contribuir com sua participação, de modo diferente segundo a diversidade de função e ofício. Por isso todos, ministros ou fiéis, no desempenho de sua função, façam tudo e só aquilo que lhes compete, de tal sorte que, pela organização da celebração, a Igreja apareça tal como é constituída em suas diversas funções e ministérios.

Do ponto de vista ritual, esta orientação é perfeita. Na verdade, quem conduz a celebração é o rito que, como o binário de um trem, estabelece a rota, não permitindo o desvio. O rito pelo rito não tem vida, mas a vida necessita do rito para sobreviver.

---

[16] TERRIN, Aldo Natale. *Antropologia e horizontes do sagrado*, p. 289.
[17] Cf. ibid., p. 290.

b) O rito na sua essência simbólica e as conseqüências para a vida

Julian Lopez Martín tem uma conceituação de rito muito abrangente:

> Rito é o conjunto de ações ou gestos simbólicos que têm por objetivo assumir, expressar, celebrar, comunicar ou transmitir o acontecimento que motiva uma celebração, e também as atitudes pessoais e comunitárias com as quais se representa, se vive e se atualiza o que está sendo celebrado. É claro que tudo que se faz no curso do rito tem um significado simbólico e o desenrolar do conjunto dá lugar ao *processo ritual*. Em todo rito costumam entrar estes componentes: a palavra [...]; o gesto, que é uma forma de palavra; e os elementos naturais e os objetos de todo o tipo que são utilizados na ação ritual. O tempo e o espaço também entram [...].[18]

Nesta definição, encontramos todos os elementos de uma celebração litúrgica no desenrolar do seu *processo ritual*. Salientamos em primeiro plano a comunhão entre rito e símbolo, o que o autor apresenta como um dado evidente. Na prática, a comunicação ritual nos dá os *significados simbólicos* das relações humanas mais profundas. Sendo assim, a leitura dos significados não é feita com base no objeto simbólico em si, mas na ação simbólica, em que o objeto entra no "movimento das palavras" por meio do rito.

A origem etimológica da palavra "símbolo" vem de *sym-ballein*, que significa unir duas metades que se combinam, formando um todo, para significar a união de pessoas, idéias e atitudes, mediante um acordo informal ou jurídico. Esse gesto tem ressonância bíblica em Ezequiel 37,15ss, quando Deus propõe a união dos dois reinos de Israel, simbolizados em duas achas de lenha que se juntam formando uma só. Portanto, podemos dizer com certeza que o símbolo tem a função de significar a união em vista do bem.

---

[18] LOPES MARTIN, Julian. *No espírito e na verdade*, vol 2, p. 178. (N.A.: as palavras e expressões em itálico são do autor.)

Outro conceito que acompanha o símbolo é o da transcendência. Por ser conhecido, o símbolo nos remete ao desconhecido, superando a ignorância e a falta de comunicação com as realidades que estão para além do aspecto material do objeto simbólico. Por exemplo, os símbolos litúrgicos nos falam de Deus. Por isso, a simbolização sempre foi o ponto forte de todas as religiões.

Não queremos fazer um tratado sobre símbolos, apenas tocar numa questão muito confusa, que é a banalização do símbolo. Na celebração, temos a tentação de chamar tudo de símbolo. Não é bem assim! Nem tudo na celebração litúrgica é símbolo, como as galhetas que contêm a água e o vinho, por exemplo.

Hoje se prefere falar em processo simbólico, pois o símbolo só existe enquanto tal no momento da simbolização, ou seja, quando o objeto simbólico entra no "movimento das palavras". Quem garante o processo simbólico litúrgico é justamente o rito. O círio pascal, por exemplo, só é símbolo de Cristo, *luz das nações*, enquanto estiver simbolizando durante a celebração. Tanto antes como depois é apenas um objeto litúrgico com potencial simbólico. Nesse sentido, não se levam símbolos para a celebração, mas objetos potencialmente simbólicos.

Há ainda outro fator importante: mesmo sendo potencialmente simbólico, o círio pascal só simboliza na medida em que a iniciação litúrgica e o contexto ritual o permitirem. Se as pessoas não sentirem no processo ritual, por meio da chama do círio brilhando na escuridão da noite, a presença luminosa de Cristo ressuscitado dissipando as trevas do coração e da mente, então o círio não funcionou como símbolo. Não adianta recorrer à explicação durante o culto, porque, além de não ter eficácia, só prejudica o rito e desgasta a assembléia. Ou o símbolo fala mediante o processo ritual, ou não funciona como símbolo.

Então, por causa de sua essência simbólica, o rito religioso está a serviço da comunhão cósmica e, ao mesmo tempo, nos remete para além do cosmo, convidando-nos a transcender em busca da fonte da vida na sua origem divina. Este é o resultado da experiência religiosa, ao nos colocar em contato com o "mundo das mediações ativas da religião, que abarcam desde o gesto mais simples até a mais complicada celebração".[19]

O que nos dá a noção da fronteira do rito religioso é o senso do sagrado e a qualidade de vida que as experiências rituais resgatam. Entre elas, salientamos a qualidade afetiva e sua conseqüente leveza, a vazão para os sentimentos de maior intensidade, o tempo e o espaço transfigurados, a solenidade como arte e beleza, a dimensão integral da vida, a expressão da densidade dos significados e, por fim, o diálogo como dimensão estrutural do rito litúrgico, afetando também positivamente a qualidade de vida.

A qualidade afetiva e sua conseqüente leveza

A fruição ritual dota alguns momentos da vida de uma extrema leveza, por dois motivos: a qualidade afetiva que experimentamos numa ação ritual é maior do que nas ações comuns; e o desgaste é mínimo, caracterizado como uma economia de energia.

A maior parte da vida adulta decorre segundo comportamentos lógico-operacionais. Porém, isso constitui um peso que cansa amiúde. Então, necessitamos de momentos de compensação, entre os quais o rito desempenha um papel importante. Aí está um dos sentidos da festa.

O termo rito vem do latim *ritus*, cuja raiz vincula-se ao sânscrito *rtá*[20] e significa *aquelas ações que se repetem ordenadamente*. Repetem e não *cansam*. Claro que os estudos antropológicos, sobretudo em sua interdisciplinariedade com a sociologia e psicologia, não são concordes com uma definição tão simples assim. Para muitos, um comportamento

---

[19] Martin Velasco, J. *Lo ritual en las religiones*, p. 13, apud Lopez Martin, Julian. *No espírito e na verdade*, vol. 2, p. 179.

[20] "A palavra deriva do latim *ritus*, cujo equivalente grego é *thesmós* (em dórico *tethemós*) e cujo significado plural é: 'tradições ancestrais, regras, ritos'. 'Ritus (raiz *artus*)' vincula-se ao sânscrito *rtus* (período de tempo, norma) e *rtá* (ordem), ao avéstico ou persa antigo (*artha*) — ordem, verdade —, aos vocábulos *arithimós* (número) e *areté* (virtude) e ao latim *ars* (arte)": García Bazán, Francisco. *Aspectos incomuns do sagrado*, p. 51.

repetido e formalizado não é o suficiente para ser rito. "A maioria dos antropólogos tende a definir o rito através das *conotações mais comprometedoras*", em que devem aparecer "comportamentos relevantes", "alto conteúdo simbólico e tradicional" e "elementos místicos".[21] Nós, em particular, reconhecemos que o rito cristão, como rito/sacramento, é basicamente tudo isso. Ele leva ao compromisso da cruz, e não se esquece dela em nenhum momento da celebração. Contudo, não pode perder sua identidade ritual como ação simples que se executa com leveza. A complexidade do rito/sacramento não pode estar na sua "execução", mas na captação e na vivência da densidade dos seus significados. É aí que devemos gastar nossas energias, se for preciso até o estresse pastoral. O Concílio Vaticano II foi divinamente inspirado, quando intuiu por meio das fontes a "nobre simplicidade" como critério para a reforma litúrgica. Se os ministros litúrgicos tiverem de gastar a maior parte de suas energias para realizar um ritual complicado e estressante, então o que sobrará para o deleite do mistério? Não podemos associar o nosso rito/sacramento com a tensão resultante de alguma atividade estressante. A experiência de Deus tem na Bíblia uma simpática analogia com a "criança desmamada no colo da mãe" (cf. Sl 131/130,2). Pode existir imagem mais simples, bela e profunda do que esta?

Os ritos não são, portanto, elaborações do raciocínio, mas reflexos de natureza emotivo-inconsciente, revestidos de uma simplicidade eloqüente. Segundo Huxley, o denominador comum dos ritos é serem "formalizações adaptativas" que permitem uma economia de energia nos ajustamentos sociais.[22] A fruição dos ritos leva a uma adaptação social muito acima das frustrações cotidianas. A vida é um palco de lutas e desejos, como diz Guardini, onde aparecem os elementos da discórdia e da fealdade.[23] O desgaste desses conflitos é amenizado pela economia de energia proporcionada pela experiência da arte, do belo, da fruição

---

[21] Terrin, Aldo Natale. Antropologia cultural. In: *Dicionário de liturgia*, p. 73.
[22] Huxley, J. *Le comportement chez l'homme et l'animal*, p. 23.
[23] Guardini, Romano. *O Espírito da liturgia*, p. 82.

ritual. Gera, então, uma sensação de "bem-estar" e "descanso". É por isso que a celebração litúrgica é descontraída e fala por si mesma, sem cansar. Se for diferente, ela perde a sua essência e provoca participação passiva.

A *vazão para sentimentos de maior intensidade*

O rito é o melhor canal para atravessarmos os momentos cuja intensidade de alegria ou dor pede vazão. Quando se trata de sofrimento, podemos evocar aquilo que os antropólogos chamam de "rito de crise".[24] Exemplos são as celebrações fúnebres, que para nós, cristãos, se transformam num confiante anúncio pascal da ressurreição. Nessas horas, o rito é uma tábua de salvação e uma proclamação da vida na sua inteireza e eternidade.

Mas também há momentos tão fortemente marcados pela alegria, que é preciso "comemorar". Então, necessitamos do rito para celebrar (tornar célebre) um fato de grande monta, que, se não partilhado de alguma forma, sufocaria a alma, devido à intensidade de seus significados. São aqueles momentos que jamais poderiam cair no esquecimento.

A rigor, o cristão vive da alegria pascal, que a missa tem a função de celebrar. Por isso, o domingo é alegre por natureza, dia em que os amigos do noivo não jejuam porque festejam a presença do noivo entre eles (cf. Lc 5,34). Dessa forma, o domingo é "a principal festa cristã" (SC 106), sacramento da alegria pascal e, nesse sentido, o dia por excelência da eucaristia a que nenhum cristão deveria faltar.

De onde vem tal eficácia do rito? É que o rito, por causa de sua essência simbólica, tem uma relação com a transcendência, que é um dado fundamental da existência humana. Há certos momentos em que necessitamos da transcendência para salvar a nossa existência. Como diz U. Galimberti, "onde perde as pegadas da transcendência, a existência nega a si mesma, cai sobre si mesma, coisa entre as coisas, sem reenvio, nem ulterioridade".[25]

---

[24] Cf. TERRIN, Aldo Natale. Antropologia cultural. In: *Dicionário de liturgia*, pp. 73-74.
[25] GALIMBERTI, U. *Rastros do sagrado*, p. 123.

O tempo e o espaço transfigurados

O tempo e o espaço rituais são transfigurados, na medida em que se definem como sagrados. Difícil é definir o sagrado, pois, como diz Paul Ricoeur, "o sagrado é a sua própria escatologia, é o horizonte que a reflexão não compreende, não engloba, mas saúda como o que sobrevém como que voando".[26] Seu efeito positivo, como altera a qualidade de vida no mundo, é que conta para nosso estudo. A cultura moderna saudou a dessacralização como um fenômeno bem-vindo, e agora amarga as suas conseqüências. "Um dos fenômenos mais perigosos da atualidade é a indistinção, é a tentação de nivelar tudo, de pôr tudo no mesmo plano, de achatar a realidade."[27] E a realidade, vista dessa maneira, se tornou um rolo compressor que ameaça esmagar o homem.

Quem participa de um rito litúrgico entra numa outra categoria de tempo e espaço. O tempo cronológico significa dissolução e cansaço no encadeamento das horas, dias, meses e anos: o envelhecimento. O sofrimento toma conta de tal processo. Segundo o pensamento grego, para enfrentar essa realidade, é preciso reproduzir na terra aquela ordem que o tempo não afeta. No rito, a ordem do espaço também se altera, transformando a idéia de limite, barreira, divisão, prisão em aconchego, proteção, libertação, plenitude. Essa ordem, segundo F. García Bazán, só pode ser dada pelo rito,[28] pois:

> [...] à medida que procura repetir com cuidadosa veneração comportamentos paradigmáticos e de qualidade extraordinária, torna esta atividade contemporânea de um tempo pleno, sem deslocamento interno ou externo, rompe com a indiferença de um espaço sem localizações e apenas organizado pelas necessidades mutáveis e se translada para um âmbito de significação sagrada [...].[29]

---

[26] RICOEUR, Paul. *Della interpretazione*. Saggio su Freud, Il Saggiatore. Milão, 1977, p. 570, apud TERRIN, Aldo Natale. *Antropologia e horizontes do sagrado*, p. 221.

[27] Ibid, p. 389.

[28] Cf. GARCÍA BAZÁN, Francisco. *Aspectos incomuns do sagrado*, p. 51.

[29] Ibid., pp. 51-52.

O tempo e o espaço rituais escapam, portanto, do tempo cronológico e do espaço operacional e remetem ao transcendente. Ocupam uma parte pequena no conjunto da existência, mas possibilitam uma qualidade de vida muito maior.

Isso faz uma grande diferença na prática litúrgica. Ao contrário do tempo comum, em que vivemos sob a ameaça da pressa, o tempo ritual é livre, leve e tranqüilo. A pressa é inimiga da celebração. Então, delimitamos dentro do contexto tarefeiro aquele tempo consagrado à prática ritual, justamente para salvar o todo da vida. Cada rito supõe, desse modo, o tempo necessário para uma execução tranqüila e serena. O reflexo disso é uma mudança sensível na forma de realizarmos as ações rituais, sem velocidade nem atropelo. Por exemplo, os passos são calmos e concatenados, as palavras e os gestos, fluentemente serenos. Nada deve ser afetado, nem pela pressa nem pelo exagero. A IGMR, n. 93, diz que o presbítero, quando celebra a eucaristia (e os outros sacramentos), deve servir a Deus com humildade e dignidade, de tal modo que sua maneira de agir e proferir as palavras divinas sugira ao povo uma presença viva de Cristo.

Se numa celebração prevista para uma hora, introduzimos tantos adendos que, além de confundirem e deixarem a assembléia nervosa, esgotam o tempo, somos tentados a atropelar o rito, muitas vezes em suas partes centrais, como, por exemplo, a oração eucarística, cume de toda a celebração eucarística (IGMR 30). Nesse sentido, vale a pena lembrar que José Aldalzabal, escrevendo sobre a *pastoral das orações eucarísticas*, diz que por parte dos presidentes deveria haver um autêntico esforço por uma "proclamação" clara, pausada e expressiva dessa magnífica oração de louvor que consagra o pão e o vinho no Corpo e no Sangue do Senhor. O tom solene já deveria começar no prefácio.[30] Além da calma orante para a proclamação, Aldalzabal sugere que ainda haja pequenas pausas em cada bloco, destacando com sutileza os diversos momentos. A "corrida olímpica" de quem aproveita a oração eucarística para ganhar tempo é um péssimo testemunho de fé e um atentado à ordem pastoral.

---

[30] Cf. ALDALZABAL, Jose. *La plegaria eucarística*, p. 11.

A solenidade como arte e beleza

A reforma conciliar não apenas sugeriu a simplicidade dos ritos, mas também insistiu na sua nobreza: "as cerimônias resplandeçam de nobre simplicidade" (SC 34). Em latim, nobre significa, antes de tudo, "conhecido". Então, podemos intuir que os ritos reformados precisam "resplandecer" como fachos de luz, revelando uma beleza em que todos se reconheçam. É nessa ótica que vemos também a grandiosidade da revelação divina. Foi com nobre simplicidade que o Filho de Deus apareceu entre nós. É também com nobre simplicidade que a beleza se manifesta. Por isso, com ela todos se identificam. Nessa mesma lógica associamos o cerimonial ao rito. Em outras palavras, o cerimonial tem a função de garantir a nobre simplicidade da fluência ritual.

O rito e sua expressão cerimonial são tão importantes para a vida religiosa e para a história da cultura humana, que hoje há uma hipótese de que os números surgiram em razão da necessidade ritual. E se isto for verdade, os números ordinais precederam aos cardinais, justamente por causa do ordenamento ritual que as cerimônias exigem. Vejamos as palavras do professor de matemática do Brooklin College:

> Os milhares de anos que foram necessários para que o homem fizesse a distinção entre os conceitos abstratos e repetidas situações concretas mostram as dificuldades que devem ter sido experimentadas para se estabelecer a base, ainda que muito primitiva, para a matemática. Além disso, há um grande número de perguntas não respondidas em relação à origem da matemática. Supõe-se que surgiu em resposta a necessidades práticas, mas estudos antropológicos sugerem a possibilidade de outra origem. Foi sugerido que a arte de contar surgiu em conexão com rituais religiosos primitivos e que o aspecto ordinal precedeu o conceito quantitativo. Em ritos cerimoniais representando mitos da criação era necessário chamar os participantes à cena, segundo uma ordem específica, e talvez a contagem tenha sido inventada para resolver este problema.[31]

---

[31] BOYER, Carl B. *História da matemática*. São Paulo, Edgar Blüchen, 1974. p. 4.

Como vemos, em um campo aparentemente tão distante da celebração litúrgica, pode estar a origem dos números, justamente porque o ritual religioso exige *participação ordenada*. Esta hipótese faz sentido, pois segundo Francisco García Bazán, entre os termos que se vinculam ao rito encontra-se o vocábulo grego *arithmós*, que justamente significa "número". A *Sacrosanctum Concilium* afirma que fazem parte do espírito litúrgico o decoro e o ordenamento das cerimônias (SC 28-29). A simplificação promovida pela reforma conciliar teve o objetivo de eliminar adendos mais culturais que teológicos implantados em certas épocas e hoje fora de contexto, os quais acabaram tornando a celebração muito pesada. Nunca teve, portanto, o objetivo de afetar o decoro e a ordem cerimonial que o rito exige. Toda celebração litúrgica, por natureza, carece da solenidade.

A dimensão integral da vida

Há um elemento que diferencia o rito das outras ações representativas, como a arte teatral. No teatro, por mais que o artista encarne o personagem, fazendo a ação parecer real, a sua vida concreta pode não ser aquela do palco. Já no rito, cada um desempenha o que realmente é na vida, fazendo-o com elegância e arte. Por isso, a celebração deve ser organizada de tal forma que a Igreja apareça na beleza da sua ministerialidade.

Ligada a essa questão, surge uma outra de grande monta, que é a santidade. A maneira de viver de quem celebra não pode se chocar com a santidade do rito cristão. A oração do dia da primeira semana do Tempo Comum pede a Deus que nos dê "a compreensão dos nossos deveres e a força de cumpri-los". Dissonância visível entre o que se reza e o que se faz, também afasta o povo da Igreja. Já no teatro isto não tem importância, pois a cena do palco esgota as exigências sobre os atores. Assim, no rito litúrgico, o ser humano não pode aparecer fantasiado de anjo ou de herói da mitologia grega, mas como é: cercado de fragilidade e sedento de santidade.

O desconhecimento ou o desprezo por essa dimensão do rito pode causar problemas que afetam de modo profundo a celebração da fé, direito natural dos cristãos. A liturgia celebrada é necessariamente ação ritual e, como tal, exige santidade de vida.

A expressão da densidade dos significados

A ritualidade tem papel importante também na normalidade da vida, entremeando-a com celebrações que, embora não atinjam o ápice dos sentimentos, mantêm o sentido da existência e não permitem que a vida perca sua densidade. Se isso não acontecesse, a rotina tomaria conta e a vida se tornaria um cativeiro de tédio. Normalmente, as celebrações litúrgicas que não representam "ritos de passagem" nem culminam com a alegria dominical (celebração eucarística), enquadram-se nessa categoria. Exemplo típico é a celebração da liturgia das horas, que vai estabelecendo no decorrer do dia a comunhão entre ritos litúrgicos e vivência cristã, mantendo acesa a chama do mistério no horizonte da nossa vida. A própria estrutura do ano litúrgico é prevista para que o mistério pascal de Cristo em sua totalidade permeie a nossa existência no decurso de cada ano, de tal modo que a novidade salvífica dê o tom pascal de nossos dias. Isto funciona como uma cunha de aspecto festivo para que não nos contaminemos com o tédio do dia-a-dia.

Para desempenhar uma missão tão importante, o rito religioso nasce na região mais profunda do ser humano, ali no seu *self*, onde está a fonte que se abre ao transcendente, ao absoluto, ao mistério. Essa região abriga a dimensão mais íntima da pessoa, em que são formulados os significados norteadores das opções profundas, que somente o processo simbólico pode revelar. Nesse sentido, Mircea Eliade, em sua obra *Imagens e símbolos*, afirma que o símbolo religioso "revela certos aspectos da realidade — os aspectos mais profundos — que resistem a quaisquer outros meios de conhecimento".[32] Como também afirma R. Haight, "os símbolos religiosos revelam a essência da natureza humana".[33]

---

[32] Citado por HAIGHT, R. *Jesus, símbolo de Deus*, p. 234.

[33] HAIGHT, R. *Jesus, símbolo de Deus*. p. 238.

O diálogo como dimensão estrutural do rito litúrgico

O rito litúrgico é uma ação comunitária que pertence a todo o corpo da Igreja, povo santo reunido sob a direção bispo (cf. SC 26). Não sendo, portanto, uma ação privada, tem uma estrutura muito visível que representa o diálogo entre Deus e o seu povo. Na vida, o diálogo sempre causa bem-estar, a ponto de, muitas vezes, ser ritualizado como, por exemplo, nos cumprimentos realizados em cada cultura. Em tal tipo de ritualidade, exige-se alternância absoluta. Seria um deságio, se a um *bom-dia* não correspondesse outro *bom-dia*. Ao se cumprimentarem, as pessoas melhoram sua qualidade de vida, no âmbito do relacionamento humano.

Na estrutura do rito litúrgico também está muito presente o aspecto dialogal. Deus fala e o povo responde. Uma das funções da presidência litúrgica é garantir essa fluência, que é sacramentada na alternância entre quem preside e os demais membros da assembléia. Na liturgia das horas, a alternância pode ser feita pelo revezamento dos coros entre os lados da assembléia, pela contraposição entre salmista e os demais e por outras maneiras. Não deveria nunca, porém, ser leitura corrida ou leitura individual em continuação, em que cada um lê um verso ou estrofe. Por isso, quando o povo é induzido a fazer em conjunto as leituras, os salmos, as orações presidenciais e as preces universais, o rito acaba.

A oração litúrgica, em sua estrutura, necessita dessa sacramentalidade dialogal o tempo todo. Assim, cada um se sente incorporado ativamente na assembléia em oração. Uma das preocupações da reforma litúrgica foi restabelecer mais claramente tal aspecto (cf. SC 30). Por isso, aumentou a participação externa de todos aqueles que não exercem a presidência ou outros ministérios durante o culto da Igreja.

Surge uma dificuldade de nomenclatura para designar exatamente essa porção da assembléia. É equívoca a contraposição entre *presidente* versus *assembléia, todos* e *fiéis*, porque quem preside não pode ser excluído de nenhuma dessas categorias. O que os livros litúrgicos geralmente usam é *presidente* e *povo*. À parte uma crítica sociológica, não se encontrou ainda outra forma melhor para designar tal alternância dialogal que o rito exige.

Vemos a riqueza dessa alternância na oração eucarística com as aclamações que devem ser proferidas somente pelo povo. O sacerdote, como presidente, reza em nome da Igreja e de toda a comunidade reunida, mas sendo a celebração de índole comunitária, assumem grande importância os diálogos entre o presidente e o povo, em especial as aclamações, que constituem não apenas sinais externos, mas promovem e realizam a comunhão (IGMR 34).

O *amém* também deve ser proferido somente pelo povo, pois ele significa: é verdade tudo o que o presidente disse. Ele foi a nossa voz.[34] Para santo Agostinho, responder *amém é assinar embaixo*.[35] O *amém* final da oração eucarística é muito especial nesse sentido. Por isso, a doxologia merece um *amém* forte e convincente. Quando a proclamação é feita com fé e desenvoltura pelo presidente, o povo responde à altura.

Vale lembrar também que a forma de celebrar os textos litúrgicos que refletem o diálogo entre Deus e o seu povo tem de ser expressiva. Devemos levar em consideração o valor simbólico do texto e expressá-lo com o coração e com os gestos adequados. A Instrução Geral do Missal Romano (IGMR), n. 38, frisa que, ao proferir textos em voz alta, os ministros ou a assembléia levem em consideração o gênero próprio, conforme se trate de uma leitura, oração, exortação, aclamação ou canto, como também a forma de celebração e a solenidade do contexto litúrgico.

c) A quebra do rito e seu efeito na assembléia litúrgica

O rito, como arte, enleva a pessoa e a coloca na profunda e delicada comunicação com as realidades que estão para além dos símbolos. Existem muitas formas de interrupção da fluência ritual, que estão destruindo as nossas celebrações litúrgicas. Aparentemente não têm nada de dramático, mas o desconforto e o cansaço são visíveis a olhos vistos.

---

[34] GIRAUDO, Cesare. *Num só corpo*: tratado mistagógico sobre a eucaristia, p. 387.
[35] Cf. *Sermo hoc quod videtis*. 2. PL 46, 836.

Como primeiro exemplo, enumeramos o choque entre a comunicação *ritual* e a *explicativa*. É comum interromper-se o rito para explicar uma parte dele. Aí se incluem a maioria dos comentários litúrgicos e as interrupções das mais variadas formas. O que sempre se usou foi a monição, que funciona como uma exortação mística ou uma indicação do passo seguinte num ritual mais complexo. Há monições tão oportunas, que acabaram sendo incorporadas no rito. As explicações bloqueiam a experiência mística e descaracterizam o rito. Os comentários litúrgicos têm sua origem no rito tridentino, que por não achar conveniente a missa nas línguas vernáculas, aconselha que se explique alguma coisa do que se lê, inclusive algo sobre o mistério da eucaristia (DZ 1749). O objetivo era clarear algumas passagens durante a celebração, justamente porque a língua litúrgica não era acessível às pessoas. Agora, perguntamo-nos: para que servem hoje os comentários? A figura do comentarista assumiu *status* litúrgico (cf. IGMR, n. 105b), com a função de fazer breves explicações e exortações para ajudar os fiéis a serem introduzidos no mistério celebrado. A nossa opinião é que a monição litúrgica, realizada por diáconos ou leigos, é o suficiente para cumprir esse objetivo, afastando qualquer hipótese de explicação litúrgica.

Em segundo lugar, há o choque da comunicação ritual com a comunicação operacional. É comum parar-se o rito para organizar algo que não foi possível concluir, como, por exemplo, usar o momento ritual tanto para celebrar como para ensaiar.

Em terceiro lugar, há também o choque da comunicação ritual com a comunicação moralista. Com o pretexto de correção de falhas da participação litúrgica ou da vivência cristã, fazem-se, durante a celebração, as tais "lições de moral". Seriam atitudes para uma formação litúrgica séria ou para outros momentos pastorais mais adequados.

Em quarto lugar, a celebração sofre algo que não choca à primeira vista, mas desfigura igualmente o rito. É o cruzamento da linguagem ritual com a linguagem narrativa. Isso afeta não somente a liturgia da Palavra, que é essencialmente proclamação litúrgica e não narração histórica, mas também outros momentos, como a própria oração eucarística. Nesse sentido, José Aldalzabal sugere que o relato da instituição não seja feito como uma historieta, mas com um tom de voz de quem está envolvido em um supremo mistério.[36] A própria Bíblia é um livro de mensagens, e não um compêndio histórico. Aqui vale lembrar tudo o que foi dito sobre a diferença entre mito e rito. A forma como se lêem as Escrituras durante uma celebração é proclamativa e tem a função de mostrar que o anúncio do Reino se realizou plenamente em Jesus de Nazaré. Por isso, os textos deveriam ser previamente não só conhecidos, mas vivenciados numa leitura orante, do tipo *lectio divina*. O conteúdo de cada celebração não constitui nenhum "furo de reportagem", sobretudo para quem tem décadas de participação litúrgica e está, por isso, até acostumado com os textos. Como conseqüência, os ministros que atuam na liturgia da Palavra, além da técnica, necessitam de espiritualidade, do contrário não conseguirão proclamar.

Um quinto problema é o cruzamento da linguagem ritual com a linguagem social. Durante o rito não se criam posições sociais nem papéis de destaque. Assim como na liturgia não há lugares privilegiados do ponto de vista social, também o exercício dos ministérios não deveria representar uma forma de privilegiar pessoas. Quando todos desempenharem suas funções com humildade e competência, então a liturgia será um verdadeiro encontro de salvação. Para tanto, escolas de acólitos, leitores, coroinhas e outras funções deverão servir de incentivo e preparação para os ministérios litúrgicos. A fim de ajudar nessa questão, é preciso considerar que a participação ativa é muito mais do que a participação externa. Se não fosse assim, a liturgia não poderia ser celebrada com mais de meia dúzia de pessoas, a fim de que todos tivessem destaque. Entretanto, o rito mesmo se encarrega de resolver tal questão, colocando as pessoas em profundo envolvimento de sentimento e co-participação em tudo o que se faz. Na ceia de Jesus, o comer e o beber com ele foram o nível mais alto da participação ritual naquela noite. Era a comu-

---

[36] Cf. ALDALZABAL, Jose. *La plegaria eucarística*, p. 13.

nhão de vida e de ideais, com toda a densidade do mistério de Cristo, que possibilitou a participação naquela noite pascal.

Sendo assim, cada ministro deve exercer tão bem sua função em conjunto com os demais, que ele mesmo *desapareça* para que *apareça* o Cristo e o todo que só a ação ritual representa. Isso é participação ativa. Exigem-se a inteireza de cada pessoa, a inteireza da assembléia e a inteireza do rito. Hoje já se fala bastante da inteireza da pessoa na ação litúrgica.[37] É preciso que nos preocupemos também com a inteireza do rito, que conduz a assembléia ao mistério.

Portanto, qualquer quebra de rito é uma ação abusiva que bloqueia a participação ativa da assembléia, como um trem que, abandonando os trilhos, é obrigado a parar.

d) A liturgia e a virtude de religião

A dificuldade da vivência ritual, a nosso ver, é muito mais acentuada do que parece. Alguns liturgistas já constataram tal fato, como, por exemplo, Matias Augé, o qual reconhece que o maior empecilho dos cristãos para fazerem da liturgia uma autêntica experiência de fé não está em relação ao rito em si, mas à falta de sensibilidade para com a linguagem ritual.[38] Entre os comportamentos atuais que tornam difícil a experiência ritual, Augé aponta o secularismo, o espiritualismo e o individualismo. E conclui que é necessário educar ao rito e estimular ao sentido do comportamento ritual. Essa questão já fora analisada por Di Sante, quando, escrevendo em 1978 sobre a renovação litúrgica, apontou a dificuldade em relação ao rito como um problema cultural.[39] Então, não

---

[37] Já se falou bastante sobre a inteireza da pessoa que participa de uma ação ritual, sobretudo no Centro de Liturgia da Faculdade de Teologia Nossa Senhora da Assunção – Unifai. Temos vários escritos de Ione BUYST sobre liturgia, entre os quais ressaltamos *Liturgia de coração*: espiritualidade da celebração (São Paulo, Paulus, 2003). Também não podemos esquecer a obra de Luis Eduardo BARONTO, *Laboratório litúrgico*: pela inteireza do ser na vivência ritual (São Paulo, Salesiana, 2000).

[38] Cf. AUGÉ, Matias. *Liturgia*, pp. 84-85.

[39] DI SANTE, C. *Il rinnovamento litúrgico*: problema culturale, pp. 248-250.

podemos ficar abismados com a falta de desenvoltura ritual que tanto atrapalha as nossas celebrações litúrgicas. Nem, tampouco, culpar o Concílio por ter encontrado uma época tão difícil do ponto de vista ritual. Trata-se, antes de tudo, de uma questão cultural.

O secularismo apresenta uma rejeição ao sagrado, enquanto o espiritualismo e o individualismo têm dificuldade com o aspecto comunitário do rito. Como diz o papa João Paulo II, "a celebração da liturgia é um ato da virtude de religião que, em coerência com a sua natureza, deve caracterizar-se por um profundo senso do sagrado".[40]

Tal afirmação carrega uma densidade tal, que merece aprofundamento. Para isso, vamos estabelecer uma ligação entre o mistério, o rito e a virtude de religião, tendo como base o sagrado. Há três passos no itinerário de nossa relação com o sagrado que precisam ser compreendidos como uma pedagogia natural. Em nível crescente, nosso contato com o sagrado se dá primeiramente na virtude de religião, depois no rito religioso e, por fim, no mistério celebrado.

Antes de prosseguirmos, é oportuno definir melhor a virtude de religião. Todavia, para compreendermos a religião "como virtude", convém explicitar nossa definição de religião. O conceito clássico de religião como a "relação do homem com Deus" traz embutido a idéia da busca de Deus. É como se Deus estivesse distante e o ser humano vivesse à sua procura. Nossa visão se fundamenta na teologia em que Deus é o protagonista sob todos os pontos de vista. Ele sempre toma a iniciativa, e o homem é livre para acolher e responder. Nesse sentido, a religião já é uma palavra de Deus em nós. Então, foi Deus quem nos buscou primeiro. Segundo Aldo Terrin, na história das religiões, o esquema em que o homem busca Deus por meio da experiência religiosa se inverte para a concepção segundo a qual a experiência religiosa já é em si

> um facho de luz que vem do alto e, portanto, não é a experiência humana a captar o divino, mas sim o divino que envolve o homem com sua presença e

---

[40] JOÃO PAULO II. Mensagem. In: *Diretório sobre a piedade popular*, pp. 7-8.

manifesta-se como experiência na vida religiosa: experiência do divino como primeira graça, como luz do alto, revelação antes da revelação".[41]

Seguindo esse ponto de vista, Xavier Pikaza afirma que o mistério se auto-revela. "Deus mesmo, e não o filósofo ou o teólogo da religião, é quem deve mostrar sua realidade fundante",[42] que está para além de tudo o que foi criado:

> Aquele que se desvela por si mesmo, o Ser sagrado (= Deus) é transcendência original, sempre irredutível: não parte do conjunto cósmico, nem é elemento de um sistema lógico; não se identifica com nenhuma lei ou norma da história, é sempre um mais além, mistério.[43]

Então a religião é uma faculdade que, cultivada, leva às mais diversas manifestações religiosas. Embora o fenômeno religioso seja plural, todas as verdadeiras experiências religiosas têm dois traços comuns: o encontro da resposta última para o sentido da vida e o domínio das insatisfações provocadas pelas contingências da história. Na religião, o homem vislumbra a unidade última para os anseios de beleza e de amor que acompanham toda a sua existência. É a única coisa necessária (cf. Lc 10,41), que dá valor a tudo o que vale.[44] Porém, para que esse processo chegue a bom termo, de tal forma que o dom da religião nunca seja usado para o mal, é que recorremos a uma virtude, uma *disposição constante da mente* que se transforma em um hábito operativo. Santo Tomás define a virtude como a "boa qualidade da mente pela qual se vive retamente e da qual ninguém pode servir-se para o mal".[45] Justamente, "a virtude é uma disposição, uma habilidade, adquirida mediante a repetição dos atos, que *aperfeiçoa* a faculdade; uma qualificação que supõe a atividade da razão, a determinação do

---

[41] TERRIN, Aldo Natale. *Introdução ao estudo comparado das religiões*, pp. 378-379.

[42] PIKAZA, Xavier. *El fenomeno religioso*, p. 211.

[43] Ibid., p. 213.

[44] Cf. VELASCO, Juan Martín. Virtude. In: PIKAZA, X. & SILANES, N. *Dicionário teológico*, p. 794.

[45] BOVE, F. Apud VV. AA. *Lexicon — dicionário teológico*, p. 794.

bem [...]".⁴⁶ Então, a religião precisa ser correta e estavelmente direcionada por meio de uma virtude: a virtude de religião.

Diante disso, perguntamo-nos: por que em nossas celebrações litúrgicas o salto para a experiência mística encontra tanta dificuldade? Talvez o problema esteja na passagem do comum para o sagrado, que teria uma pedagogia própria. Sendo o místico o estágio mais alto e refinado da experiência do sagrado, não se pode chegar a tanto, senão a partir de fases anteriores. É preciso primeiramente desenvolver a virtude de religião, para se poder chegar a uma desenvoltura ritual e, por fim, atingir a densidade da experiência mística, em que a celebração da fé navega em águas profundas. Esse processo caminha com o amadurecimento da convivência com o sagrado.

Devemos atentar para a importância da dimensão religiosa na existência humana e o que significa o seu desenvolvimento como virtude. Desde a sociedade mais arcaica até hoje, a virtude de religião não somente liga o homem a Deus (ou aos deuses), mas também ao cosmo. Como Diz Mircea Eliade, "para o homem religioso, o Cosmo vive e fala".⁴⁷ Nesse sentido, "a existência do *homo religiosus*, sobretudo o primitivo, é 'aberta' para o mundo; vivendo o homem religioso nunca está sozinho, pois vive nele uma parte do mundo".⁴⁸ No cenário religioso, o homem vive uma existência aberta ao mundo e isso é fundamental para a saúde humana. "A abertura para o Mundo permite ao homem religioso conhecer-se conhecendo o Mundo — e esse conhecimento é precioso porque é um conhecimento religioso, refere-se ao Ser".⁴⁹

Então, ser religioso não significa somente estar aberto a Deus, mas também ao cosmo. O homem do mundo agrário vivia esse aspecto com naturalidade. A cidade, porém, com todo o seu artificialismo, afasta as

---

⁴⁶ Rossi, T. Virtudes morais. In: VV. AA. *Lexicon — dicionário teológico*, p. 795.

⁴⁷ Eliade, Mircea. *O sagrado e o profano*, p. 135.

⁴⁸ Ibid., p. 136.

⁴⁹ Ibid., p. 137.

pessoas cada vez mais da experiência cósmica e, portanto, des-liga do cosmo. O cristianismo tem papel importante a refazer em tal drama. Segundo Mircea Eliade, o cristianismo das sociedades industriais, principalmente o dos intelectuais, há muito perdeu os valores cósmicos e, por isso, a sensibilidade religiosa das populações urbanas encontra-se gravemente empobrecida.[50] Tudo, inclusive o próprio ser humano, vira coisa descartável a ser explorada. As conseqüências estão bem perto de nós, que vivemos sob a ameaça de um desastre ecológico. Urge restaurar a comunhão cósmica, e a celebração litúrgica, por exigir o desenvolvimento maduro da virtude de religião, é um meio eficaz para re-ligar esses elos rompidos.

Assim sendo, nossa hipótese é que a falta de mística não constitui algo superficial e de fácil solução. Esse descompasso demonstra que o desempenho ritual está fundamentado em nosso desenvolvimento religioso como virtude. A aversão e rejeição da ritualidade na cultura moderna afloraram no pós-Concílio como secularismo, o que estimulou celebrações ritualmente desconexas. Portanto, a dificuldade com o rito é o reflexo de uma relação imatura com o sagrado, que se manifesta tanto no atrofiamento quanto na hipersensibilização religiosa explosiva e desordenada. O homem pós-moderno, de um lado, pode ser frio em relação às questões religiosas, não tendo dificuldade de declarar-se ateu e, de outro, desordenado e explosivo. Nesse aspecto, fala-se de uma explosão religiosa que nem sempre ajuda no encontro com Deus. Para complicar ainda mais, muitas vezes, ela é direcionada para coisas mais corriqueiras. O que acontece, na prática, é que se transferiu para vários campos da vida cotidiana uma exacerbação ritual que não liga mais a Deus nem à ordem de um transcendente salvífico, mas inflaciona a vida do dia-a-dia de ritualismos sem significado e eficácia.

O homem de fé vive do mistério. No entanto, sua base religiosa hoje precisa ser reestruturada em vista de um relacionamento maduro com o sagrado, que, segundo Umberto Galimberti, já desapareceu como um todo na cultura atual, sobrevivendo apenas como rastros, cujas últi-

---

[50] Cf. ELIADE, Mircea. *O sagrado e o profano*, p. 146.

mas pegadas são encontradas na *arte*, na *música* e na *dança*.[51] O leitor deve estar convencido de que a forma de tratarmos a ritualidade litúrgica corresponde a uma verdadeira "arte ritual". Aliás, entre os vários vocábulos a que se vincula o termo *ritus* encontra-se a palavra *ars* (arte).[52] Assim, o rito se desenvolve na beleza da arte, para atingir a mística do coração, a fim de fazer de cada componente de uma assembléia litúrgica um participante ativo na celebração dos mistérios de Cristo.

Portanto, participar de modo ativo na liturgia celebrada é ser uma parte do todo e viver o todo integralmente, apesar de ser parte. Contudo, não se entenda isso como ativismo. Por exemplo, participar na liturgia da Palavra é OUVIR *com o coração*. Evidentemente, a sacramentalidade da liturgia na sua pedagogia natural supõe no primeiro momento o *ouvir sensorial*. Mas esse é apenas o lado externo da participação. Nesse sentido, o leitor litúrgico tecnicamente preparado, mas sem vida espiritual, lê para os outros, mas ele mesmo não participa. O desconhecimento disto gerou um afã de ativismo nas celebrações, em que cada um tinha de fazer algo que lhe destacasse, do contrário não se sentia participante ativo.

É evidente que a participação exterior também tem valor como uma dimensão importante da participação ativa, sobretudo pela sua pedagogia de conduzir ao mistério. Por isso, a SC pede que se incentivem as aclamações, as respostas, a salmodia, as antífonas, os cânticos, as ações, os gestos e as atitudes, bem como o silêncio litúrgico (SC 30).

---

[51] GALIMBERTI, Umberto. *Rastros do sagrado*: o cristianismo e a dessacralização do sagrado. A parte IV trata justamente da sobrevivência do sagrado nos seus rastros, pois o todo não existe mais.
[52] Cf. GARCÍA BAZÁN, Francisco. *Aspectos incomuns do sagrado*, p. 51.

V

Participação litúrgica consciente

> *Pois naquele regime, apresentavam-se as oferendas e sacrifícios*
> *sem eficácia para aperfeiçoar a consciência*
> *de quem presta o culto*
> (Hb 9,9).

Jesús Hortal, ao afirmar que os sacramentos conferem a graça não somente de forma geral, mas específica para cada situação da vida significada pela ação sacramental, como nascimento, profissão pública da fé, matrimônio, acrescenta:

> O ideal seria, pois, que o sujeito do sacramento fosse plenamente consciente dessa finalidade concreta e que procurasse, com todo o seu ser, a graça que lhe é conferida. Quanto maior for a consciência e a disposição da pessoa, tanto maior será o culto prestado a Deus na ação sacramental e tanto mais profunda a conformação do sujeito a Cristo.

Segundo esta afirmação, a consciência de quem celebra os sacramentos alimenta a disposição de louvar a Deus com todo o ser, resultando em maior conformidade com o mistério de Cristo.

Justamente, com a qualificação "ativa" em relação à participação litúrgica, o adjetivo "consciente" aparece várias vezes (SC 11.14.48). Portanto, não se imagina na celebração da fé uma participação ativa não-consciente, porque significaria a ausência da mente e do coração em nossa ação litúrgica. A Carta aos Hebreus, falando da eficácia litúrgica do sacerdócio de Cristo, diz que a aliança que Deus fará conosco será gravada em nossos corações e mentes (cf. Hb 10,16). Em outras palavras, atingirá a nossa consciência. Vejamos, primeiramente, esse lado mental que caracteriza a consciência.

A palavra mente vem do latim e tem muitos significados, entre os quais destacamos: pensamento, intento, razão, sabedoria, índole, sentido. Por sua vez, o termo parece provir da raiz grega *men* ou *man*, que se refere ao espírito humano e às suas funções superiores.[1] Na linguagem comum, mente, no seu sentido próprio ou figurado, designa o conjunto das faculdades humanas: percepção, intelecção, volição, criatividade e memória.[2] A antropologia social associa a evolução da mente ao crescimento da cultura,[3] mas reconhece a dificuldade de uma definição, uma vez que a palavra foi mais usada como artifício retórico do que como conceito científico. No entanto, podemos dizer cientificamente que "o termo 'mente' refere-se a certo conjunto de disposições de um organismo".[4]

Na celebração cristã, não basta que o rito nos coloque em postura ativa. É preciso que o conjunto das nossas disposições, como percepção, intelecção, vontade, memória, criatividade e outras, esteja sintonizado e nos transforme em sujeitos conscientes da ação que executamos. A SC, no n. 59, insiste que é muito importante aos fiéis compreenderem facilmente os sinais sacramentais, para que se predisponham à frutuosa recepção da graça que eles conferem.

Além desse aspecto mental, para ser sólida, a consciência necessita também da dimensão afetiva. Na celebração litúrgica, por causa do seu processo sacramental-simbólico, é preciso unir razão e emoção, sentimento e pensamento, intenção e sentido, a fim de que a participação interior no mistério celebrado seja eficaz. Tal integração evita, de um lado, que a celebração se transforme em uma ação cerebral, racionalista e fria, e, de outro, que caia no sentimentalismo, perdendo sua objetividade sacramental.

---

[1] Cf. PESENTI, G. G. Mente. In: *Dicionário de mística*, p. 692.
[2] Cf. ibid., p. 692.
[3] GEERTZ, Clifford. *A interpretação das culturas*, capítulo 3, pp. 67-98.
[4] Ibid., p. 96.

A *Sacrosanctum Concilium* utiliza tanto a palavra *ciente* (n. 11) como *consciente* (nn. 14; 18) para designar a participação litúrgica consciente. A primeira nos dá a entender que quem celebra deve ter o conhecimento de causa e efeito, isto é, saber o porquê da ação litúrgica e as suas principais conseqüências. Aí, podemos enxergar uma consciência de cunho mais mental.

O termo *consciente*, porém, sugere uma ação de consciência. Em latim, a palavra *conscientia* significa, em primeiro lugar, "conhecimento em comum". Os outros significados estão na linha da convicção. Então, vemos os dois lados da mesma moeda, salientando o aspecto comunitário e pessoal. Em outras palavras, conhecimento e sentimento se fundem na consciência que leva à convicção. Para isso, é necessário o distanciamento em função do aprofundamento. O *Dicionário Aurélio* (ed. 1978, p. 436) define o verbete de forma muito interessante:

> Atributo altamente desenvolvido na espécie humana [...] pelo qual o homem toma em relação ao mundo (e, posteriormente, aos chamados estados interiores, subjetivos) aquela distância em que se cria a possibilidade de níveis mais altos de integração.

A integração é tanto maior, quanto maior a consciência. A distância exigida nos permite conhecer com mais profundidade para promover maior integração. Distanciar para conhecer é conhecer para integrar. A tal processo chamamos conscientização.

Sendo assim, esse tipo de consciência vai além do conhecimento puramente racional. Não se trata apenas de saber, mas de identificar. É um conhecimento que brota e se desenvolve no nível do coração. Aliás, falando do *simbolismo do corpo humano na Bíblia*, Silvia Schroer e Thomas Staubli afirmam que "o coração é também algo como a consciência".[5] Por isso, coração limpo significa consciência reta. Segundo esses autores, mais do que na cultura hebraica, a cultura egípcia faz plena identificação entre consciência e coração.

---

[5] Cf. SCHROER, Silvia & STAUBLI, Thomas. *Simbolismo do corpo na Bíblia*, p. 65.

O lugar, portanto, da consciência é o coração como metáfora da condição humana. Nesse sentido, liturgia consciente é "a liturgia de coração".

O coração humano não é apenas luz, mas também trevas. Apesar disso, é nele que erigimos o altar da oração,[6] para clamar a Deus, do mais profundo de nós mesmos, muitas vezes em forma de grito (cf. Sl 130[129],1-2), porém sempre com caráter litúrgico: "a Deus gritou minha boca e minha língua o exaltou" (Sl 66[65],17). Nas noites escuras se aninha a esperança e se forja a luz. Desse modo, o altar do coração é também o sepulcro que acolheu o corpo do Senhor sem vida, para devolvê-lo ressuscitado (cf. CORBON, p. 209). Quanto mais adentramos o nosso coração, tanto mais nos deparamos com a condição humana sujeita ao pecado (cf. Sl 130[129],3). No entanto, a última palavra não provém das nossas fragilidades, mas da redenção. Cristo nos arrancou do império da morte e nos elevou à dignidade de filhos de Deus. Então, no altar do coração se celebra a liturgia de coração, pascal por excelência, porque não só celebra a Páscoa de Cristo, mas a ela associa a nossa Páscoa também. Nesse sentido, quando o coração se decide a orar, coloca-se em linha de vanguarda no grande combate pascal.

O problema ocidental–cartesiano foi opor coração e intelecto (discernimento).[7] A participação litúrgica é essencialmente ativa, porque, por meio da ritualidade sacramental, envolve o coração e a mente, conhecimento e afeição.

Por isso, mistério e entendimento, do ponto de vista cristão, não se opõem, mas se integram. O conhecimento não anula o mistério, mas o valoriza, e a busca de seus significados não o esgota, porém o engrandece. Portanto, o lugar do mistério é o coração. O mistério não é estranho ao entendimento, como normalmente pensa o mundo da magia, que tira a sua força exatamente da falta de entendimento de suas ações e palavras rigorosamente incompreensíveis. O mistério não combina com a

---

[6] Cf. CORBON, J. *Liturgia fundamental*, pp. 209-210.

[7] SCHROER, Silvia & STAUBLI, Thomas. *Simbolismo do corpo na Bíblia*, p .72.

magia, embora escape totalmente ao nosso controle racional e científico. Sobre o mistério e sua compreensão, Rudolf Bultmann afirma:

> A Palavra de Deus não um mistério para o meu entendimento. Pelo contrário, eu não posso crer verdadeiramente na Palavra sem compreendê-la. Porém, compreendê-la não significa explicá-la racionalmente. Eu posso compreender, por exemplo, o que significa a amizade, o amor e a felicidade [...]. Todavia [...] isto segue sendo um mistério. Do mesmo modo posso compreender o que significa a graça de Deus [...]. Porém, o fato de que me sobrevenha, de que o Deus misericordioso seja meu Deus, segue sendo para sempre um mistério.[8]

Dessa maneira, não estamos falando do conhecimento estritamente racional e lógico, com sua vertente científica e técnica, mas de um conhecimento mais amplo e profundo, que brota e se desenvolve no nível do coração. É o conhecimento do amor e da comunhão cósmica, que elaborou uma sabedoria sobre a vida e o universo, que tem acertado muito mais do que se possa imaginar. O mistério não se esconde desse tipo de entendimento, de onde devemos extrair todos os significados importantes para a nossa vida. Concordamos com Bultmann, pois quanto mais se compreende a amizade, tanto mais ela se torna um mistério inatingível ao pensamento racional e às análises psicológicas, sociológicas e antropológicas. Por isso mesmo, a amizade faz do coração o seu *habitat* e da alma o seu jardim irrigado. Assim é com o mistério de Deus. Trata-se, portanto, de um conhecimento profundo, livre e aberto e, por isso mesmo, incomensurável. Mas não quer dizer que não seja real e perceptível. Esse tipo de conhecimento é mais fácil de captar, sentir e avaliar, do que explicar. No entanto, não se subtrai à palavra, porém comporta tal densidade, que requer, às vezes, a linguagem da poesia, da música, da arte.

Como diz o papa João Paulo II, na liturgia o homem deve ter consciência de se encontrar de modo especial diante daquele que é três vezes santo e transcendente. Então, a atitude própria da ação litúrgica é

---

[8] BULTMANN, Rudolf. *Jesus Cristo e a mitologia*, p. 35.

permeada de reverência e admiração que brotam da consciência de quem está na presença de Deus.[9] A participação ritual litúrgica exige conhecimento. Hopkins diz que a fé é o mais elevado tipo de conhecimento e o mais elevado exercício da razão.[10] Uma comunicação, para ser simbólica, exige que os *sujeitos* que dela fazem parte sejam *experiencialmente* engajados em seus significados. O cristianismo intuiu isso muito rapidamente e implantou o método da iniciação ao mistério de Cristo, cujos frutos garantiram a solidez das origens. Foi essa consciência que tanto ajudou na celebração do mistério como experiência de salvação.

O sinal sacramental, para entrar no processo de simbolização, exige conhecimento e experiência comuns. A noção de sinal sacramental, tão importante para a teologia da celebração, nasceu no terreno do simbólico.[11] Tal noção atravessou todas as fases da reflexão teológico-sacramental, com as devidas pontuações de cada época e de cada corrente de pensamento, chegando ao Concílio Vaticano II totalmente fortalecida e, posteriormente, bem definida pelo Catecismo da Igreja Católica, n. 77.

O passo significativo da teologia sacramentária está no aprofundamento da noção do signo com base em seu aspecto simbólico, a fim de tirar daí todas as conseqüências para a práxis litúrgico-sacramental.

O avanço é o ajustamento dos elementos que mais se adaptem ao processo simbólico, para funcionarem como sinalizadores da presença divina. Vistas por esse ângulo, as coisas são os vestígios de Deus, dos quais são selecionados os sacramentalmente mais significativos para a celebração litúrgica. Isso representou uma caminhada que levou à definição sacramental, como a conhecemos hoje. Os momentos mais claros foram aqueles em que os sacramentos foram considerados "ações" e não "coisas", justamente por causa do processo simbólico. É baseada em tal teologia que a doutrina sacramental do Concílio Vaticano II propõe os

---

[9] Cf. JOÃO PAULO II, Mensagem. In: *Diretório sobre a piedade popular*, pp. 7-8.

[10] Cf. STRONG, Augustus Hopkins. *Teologia sistemática*. Vol. I, pp. 23-24.

[11] SANTO AGOSTINHO, *De civitate Dei*. 10, 5: in BAC 171, XVI, p. 607.

sacramentos como "celebração da Igreja" ou, como diz o Catecismo da Igreja Católica, "celebração do mistério da salvação".[12]

A abordagem de Odo Casel, de que os sacramentos causam a graça, na medida em que são símbolos celebrados pela Igreja,[13] foi amadurecendo a reflexão sacramentária, de tal forma que o Concílio Vaticano II afirmou não somente que na missa se aplica a obra da redenção, mas que sobre o altar se celebra a obra da redenção e, por isso, colhemos os frutos da salvação (LG 3).

Portanto, a racionalidade da fé exige que cada liturgo cristão tenha consciência suficiente para celebrar frutuosamente o que o rito expressa. A SC diz, no n. 48, que a participação litúrgica exige uma boa compreensão dos ritos e preces. Sem isso, a participação é prejudicada, pois reinam o folclore e o alegorismo, com o seu poder de imaginação e fantasia. Alegorias são interpretações nem sempre fundamentadas. Assim, funcionam como um método fácil, cujas representações já vêm com seus significados prontos, correndo o risco de permanecerem na superfície. Consideramos as alegorias como atalhos que quase sempre fogem do porto desejado.

Já o rito litúrgico supõe a leitura simbólica, exigindo que a mente seja ativada para interpretar, pois "o significado de um símbolo não se acha na superfície, e a mente tem que buscá-lo",[14] descobrindo "o sentido no contra-senso, a verdade na inverdade, o propósito da identidade na diferença".[15] Trata-se, portanto, de uma hermenêutica desafiante, para que a interpretação seja teologicamente verdadeira. O rito cristão tem, por conseguinte, uma tarefa gigantesca de expressão, pois é impregnado pelo amor que levou Jesus à auto-entrega da cruz e conduz a uma vida comprometida por esse amor. Por isso, ele é litúrgico e jamais alegórico

---

[12] *Catecismo da Igreja Católica* 1139.

[13] Cf. ARNAU-GARCÍA, Ramón. *Tratado general de los sacramentos*, p. 198.

[14] HAIGHT, R. *Jesus, símbolo de Deus*, p. 238.

[15] Ibid., p. 238.

ou folclórico. Na ordenação presbiteral, na entrega da patena com o pão e do cálice com o vinho, o bispo diz: "Recebe a oferenda do povo santo para apresentá-la a Deus. Toma consciência do que vais fazer e põe em prática o que vais celebrar, conformando tua vida ao mistério da cruz do Senhor" (*Pontifical Romano*, Paulus, 2000, p. 131).

É nesse sentido que são Paulo afirma que nós nos despimos do homem velho com as suas práticas e nos revestimos do homem novo para o conhecimento segundo a ordem estabelecida pelo Criador (cf. Col 3,10). Por exigir a consciência de quem o pratica, o rito cristão leva sempre à busca da vontade de Deus na história. Provoca, então, um distanciamento cada vez maior dos ritos pagãos. Exercendo o nosso sacerdócio ritualmente, o nível de consciência com que o fazemos nos conduz a uma transformação e renovação da mente, de tal forma que possamos interpretar e discernir a vontade de Deus na busca da perfeição evangélica (cf. Rm 12,2). A prática da celebração litúrgica sem a devida consciência pode levar a comportamentos rituais que nada têm a ver com o mistério de Cristo.

Desse modo, a palavra-chave para a participação litúrgica consciente é *iniciação*, que foi um dos pontos altos dos primórdios da Igreja. É preciso conhecer o mistério de Cristo (com a mente) para poder se identificar com ele (com o coração). O problema da liturgia está na falta de iniciação ao mistério, que a evangelização e a catequese têm o dever de proporcionar. Para amar é preciso conhecer e para conhecer de verdade é preciso amar.

Por isso, o rito litúrgico exige uma língua conhecida para comunicar o conteúdo da celebração. Sabemos que o latim continua sendo a língua litúrgica do rito romano (SC 36). Aliás, as línguas vernáculas constituem a exceção que na prática se transformou em regra. No entanto, isso pode ser um sinal dos tempos, que devemos ler com fé. Foi um avanço natural da aplicação da reforma litúrgica em relação ao texto da Constituição *Sacrosanctum Concilium*, justamente para que o povo pudesse mais plenamente compreender o mistério celebrado (cf. IGMR 12). Deus sempre usou a linguagem cultural do homem para falar com ele.

Tão caro para a ciência litúrgica e tão importante para a fundamentação das línguas neolatinas, o latim não pode ser desprezado. Mas isso não significa que deva ser hoje a língua litúrgica mais apropriada para se celebrar a fé em nosso rito, que no início se serviu da língua grega. Sempre houve certo trauma na hora de se modificar a língua litúrgica. Exemplo concreto foi a passagem do grego para o latim no século IV e do latim para as línguas vernáculas na reforma do Concílio Vaticano II. A vivência do mistério deve estar no seu *locus* verdadeiro, que não é na língua desconhecida, mas no mistério como dom de Deus.

O mistério é o próprio Cristo que revela a Trindade, e tudo o que fizermos conscientemente para atingir a densidade dos significados de cada gesto litúrgico abrirá caminho para a profundidade da experiência de salvação. A eucaristia, por exemplo, na densidade de significados, exige uma compreensão aprofundada. Naquela noite, tensa e rica, na qual uma ceia ritual selava a nova Aliança e celebrava a Páscoa definitiva, cada gesto e cada palavra já nasciam imbuídos de densidade. A teologia litúrgica e a mística eucarística não esgotarão os seus significados, pois aquela foi a noite mais densa de toda a *história da salvação*. Mais do que nunca, os olhos deveriam estar fixos no Senhor, na expressão do seu rosto, no alcance do seu olhar, em cada movimento de suas mãos. Cada palavra era "corporificada", no sentido de que estava intimamente relacionada a toda a gestualidade corporal. Só assim se poderia captar a riqueza dos seus significados. As palavras daquela noite eram como setas que feriam o coração dos Apóstolos com a "seiva" do amor. Embora tímidos e um pouco confusos até o Pentecostes, depois daquela Ceia eles não foram os mesmos, pois já não pertenciam a si próprios, mas ao Senhor para sempre. Quem deveria se afastar do mistério, teve que sair durante a Ceia. Quem ficou, ficou para sempre.

O que viram no dia seguinte foi dramático e cruel, mas não mais denso do que aquilo que celebraram na noite anterior, porque a vivência ritual nos faz celebrar situações terrenas as quais ultrapassam a si mesmas, chegando a acariciar as realidades eternas. Não se trata de explicação puramente lógica, mas da linguagem do amor, que leva ao entendimento do coração. Pão e vinho como presença real de Jesus para a salvação do mundo desafiam toda a lógica humana. Pura fé! Tentar racionalizar esse mistério com explicações que não brotem do altar do coração só causa sofrimento e confusão, como foi na virada do primeiro milênio. Porém, sob o prisma místico, seremos capazes de discorrer milhares de discursos que ajudem o povo de Deus a celebrar com mais consciência e devoção.

Como podemos, então, celebrar esse mesmo sacrifício redentor sem a consciência dos seus significados mais profundos? Mente e coração, envolvidos no mistério, abrem caminho para a experiência de salvação, pois os sacramentos operam a graça que significam, mas precisam também do acolhimento com todo o nosso ser. Nesse sentido, afirma Jesús Hortal:

> Apesar da doutrina da Igreja sobre a causalidade *ex opere operato* dos sacramentos, não se esqueça de que é também doutrina da mesma Igreja que a graça só é obtida pelo sujeito que não opõe um obstáculo. Daí também se pode deduzir que a eficácia do sacramento depende igualmente da maior ou da menor disposição do sujeito.[16]

Por isso, era urgente a reforma litúrgica que culminou no Concílio Vaticano II, pois o povo tinha pouco acesso à palavra exterior, sendo obrigado a encontrar o seu modo próprio de orar durante o culto da Igreja. Apesar de tudo, muitas vezes permanecia o senso do mistério, sobretudo nas celebrações solenes. O mesmo não pode ser dito de algumas celebrações atuais, em que o rito é maltratado. No entanto, não é álibi para o retorno ao passado. Sempre houve o perigo da banalização do mistério ou do misticismo. Isto se dá quando o rito se torna mecânico e frio, ou quando sua eficácia é vista do ponto de vista mágico, no qual a força está na perfeição e na exatidão com que são ditas as palavras e executados os gestos.

---

[16] HORTAL, Jesús. *Os sacramentos da Igreja na sua dimensão canônico-pastoral*, p. 44.

VI

Participação litúrgica plena

Falo com tremor: eu não vi o leão, eu vi o Senhor!
(Adélia Prado)

Até aqui abordamos duas qualidades da participação litúrgica: ativa e consciente. Vimos que a participação consciente é, de modo específico, a participação ativa da mente e do coração no mistério celebrado. Em outras palavras, podemos dizer que a participação ativa é necessariamente uma participação consciente. Portanto, a participação ativa, quando atinge também um nível de ativação da mente e dos afetos, a ponto de densamente captar com o coração os significados simbólicos das ações litúrgicas (participação consciente), se transforma em uma participação plena.

A participação plena nos possibilita o mergulho no mistério. Um rito litúrgico vivido em plenitude transforma-se num rio da vida que sai do trono de Deus e do Cordeiro, imagem trinitária da liturgia celeste (cf. Ap 22,1).

Nesse processo, é fundamental a dimensão sacramental-simbólica da liturgia. Embora tudo parta dos sinais sensíveis, pois a viagem ao transcendente começa necessariamente nos sentidos do corpo, há que se atingir os sentimentos profundos, de tal forma que a ação litúrgica se transforme em liturgia de coração. A partir daí se realiza o "salto místico". Nesse nível, os sinais terão cumprido o seu papel de mediadores, fazendo-nos entrar em comunhão direta com Deus, mesmo que ainda imperfeita. Imperfeita, pois só na eternidade, como inspira o Apocalipse, poderemos prescindir de todas as mediações sacramentais. Segundo Arnau-García, foi santo Agostinho quem intuiu essa teoria sacramental, não superada ainda.[1]

A participação plena na liturgia, portanto, é aquela que conduz ao transcendente, levando o orante à experiência do mistério, papel essencialmente reservado aos sacramentos:

> E o sacramento, enquanto é um sinal que santifica, atende de maneira idônea a este duplo processo que conduz o homem do externo ao interno, e do interno ao superior, quer dizer até Deus. O sacramento, por ser sinal sensível de uma realidade sagrada, induz o homem a empreender um caminho purificador que vai de fora para dentro e do interior ao superior. O sacramento, a partir da sua realidade sensível, move o homem a encontrar-se com Deus mediante um processo de interiorização transcendente, que vai do visível ao invisível, do material ao espiritual, do temporal ao eterno.[2]

Quando a participação se tornar plena, isto é, mística, o corpo já estará de modo integral em consonância com a celebração litúrgica. Qualquer que seja a postura corporal que uma oração mística suscite, será sempre de inteireza. Por exemplo, quando um místico contempla, seu corpo está tão integrado que entra em transe e praticamente levita. Quando um místico ora, parece que fala com o "invisível". Quando um místico ouve a Palavra celebrada, seu corpo se transforma em ouvidos em direção ao ambão, como Madalena encontrando o Ressuscitado no jardim da nova Criação. É Deus falando e homem ouvindo, extasiado. Se uma oração mística se converte em dança litúrgica, os movimentos são tão harmônicos e graciosos que só podem retratar a graça e a beleza de Deus.

A participação litúrgica é plena, portanto, quando atinge o mistério, envolvendo todas as dimensões da corporeidade e gerando a sintonia das ações litúrgicas.

---

[1] Arnau-García, Ramón. *Tratado general de los sacramentos*, p. 72.
[2] Ibid., pp. 76-77.

Então, uma participação plena na celebração litúrgica percorre o itinerário que santo Agostinho intuiu como um duplo movimento: do exterior (sinal) para o interior (coração), do interior para Deus. É um processo que parte do *sinal sensível*, passa pelo *coração* e atinge o mistério de *Deus*. Poderíamos expressar essa viagem transcendente em figuras:

DUPLO MOVIMENTO DA TRAJETÓRIA SACRAMENTAL

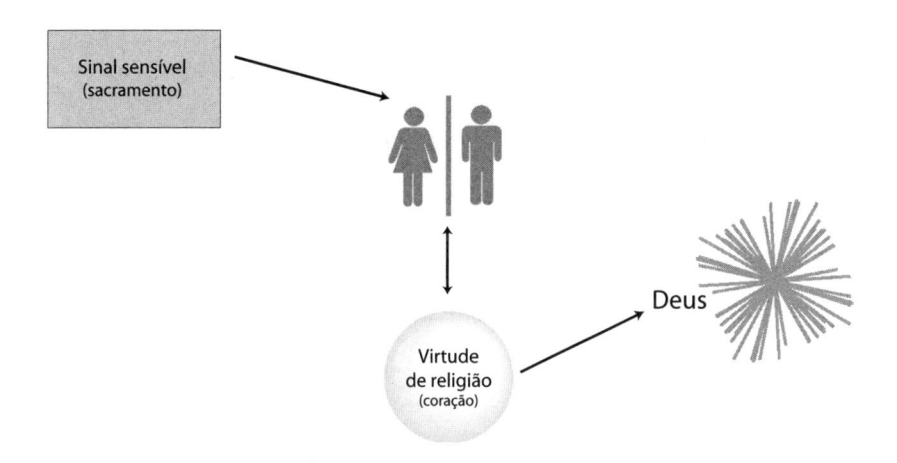

São os três momentos do processo litúrgico-sacramental. O detalhe central representa a pessoa em sua dupla dimensão de sensibilidade: a sensorial (sentidos) e a afetiva (coração). Com os cinco sentidos do corpo captamos quase que instintivamente a realidade circunstante, com uma especial predisposição para o belo. Em seguida, envolvemo-nos mais profundamente, mediante uma sensibilidade mais vital e elaborada. Significa que há uma triagem do que captamos com os sentidos e transformamos em sentimentos do coração.

Na celebração litúrgica todos os quatro elementos anteriormente citados entram em movimento, estabelecido pela conexão íntima de palavras e gestos. É a este movimento ritual que chamamos de "movimento das palavras".

Vamos especificar melhor cada um dos quatro elementos do gráfico anterior:

Diagrama

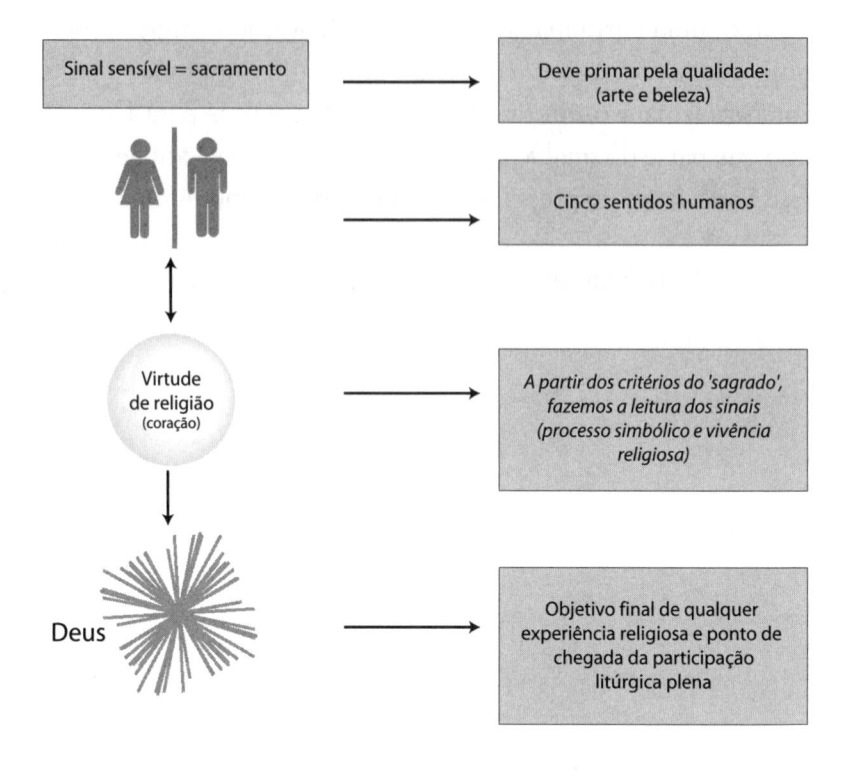

- **Sinal sensível = sacramento** → Deve primar pela qualidade: (arte e beleza)
- (figuras humanas) → Cinco sentidos humanos
- **Virtude de religião** (coração) → A partir dos critérios do 'sagrado', fazemos a leitura dos sinais (processo simbólico e vivência religiosa)
- **Deus** → Objetivo final de qualquer experiência religiosa e ponto de chegada da participação litúrgica plena

Aí então é que a celebração se torna uma experiência de plenitude, que passa pela qualidade do sinal, pela sensibilidade dos sentidos humanos, pelo acolhimento afetivo e pela experiência mística da fé, a fim de que possamos gozar da presença de Deus. Essa não é uma viagem de pouca monta, pois só a passagem do sinal para o coração humano exige acurada sensibilidade e uma capacidade simbólica desenvolvida. Só assim, após essa transformação do sinal sensível em símbolo vital, é que podemos dar o salto para Deus.

A nossa expressão "movimento das palavras" pretende clarear que, com base no mistério de Cristo, os quatro elementos citados representam uma ação litúrgica sagrada, isto é, um movimento de comunicação do homem em direção a Deus, como resposta ao movimento primeiro de Deus em direção ao homem, na medida em que a celebração litúrgica torna presente a obra redentora de Jesus Cristo. Portanto, não se trata de realidades estanques, mas de um "intrincado movimento", mais bem compreendido como "a ação do Espírito Santo", ou o movimento descendente de Deus, com a devida resposta ascendente humana, já anunciado em Isaías 55,10-11. O "movimento das palavras", na prática, funciona como diz a *Dei Verbum* 2: gestos e palavras intrinsecamente conexos entre si. A Palavra divina gera a mobilidade sacramental, inspirando gestos e palavras humanas em íntima conexão. De outra forma, podemos dizer: a Palavra gera "o movimento das palavras".

Do ponto de vista do corpo eclesial, a participação plena exige a inteireza do rito na harmonização dos ministérios que, tantos e tão variados, constroem a unidade do culto litúrgico. Quanto mais as ações forem harmonicamente partilhadas, de tal forma que Cristo seja o único centro, mais plena será a participação litúrgica.

VII

Participação litúrgica frutuosa

> *Vinde a mim, vós todos que me desejais*
> *e fartai-vos dos meus frutos*
> (Eclo 24,26).

A SC, no n. 59, diz que "os sacramentos conferem a graça, mas a celebração dos mesmos dispõe otimamente os fiéis à frutuosa recepção da mesma graça, a honrar a Deus de modo devido e a praticar a caridade". Nesse sentido, os sacramentos são ao mesmo tempo *sinais sensíveis* e *instrumentos* da graça de Deus (cf. LG 1). "Não só supõem a fé, mas também a alimentam, fortificam e expressam por meio de palavras e ritos" (SC 59). Sendo sinais sensíveis, os sacramentos também se destinam à instrução (SC 59). Como diz Jesús Hortal, o Vaticano II mostrou a multiplicidade de valores que se encerram na ação sacramental[1] e, assim, nos alertou de que o modo de celebrar a liturgia é muito importante para que esses valores sejam vivenciados como experiência de salvação, tanto no rito como na vivência do testemunho decorrente da fé.

Os sacramentos, como celebrações rituais, alimentam, fortificam e expressam a fé. Se o rito fosse apenas expressão da fé, então, esta deveria ser um dado suposto e o modo de participar não teria tanta importância, já que contaria mais o pressuposto do que o evento celebrativo. Nesse sentido, uma boa celebração revelaria boa dose de fé. Porém, não é tão simples assim. A celebração também pode influir diretamente na fé. Pessoas com a fé abalada podem sair fortalecidas de um rito litúrgico, dependendo de como se coloquem diante da graça sacramental. O mesmo se diz da prática

---

[1] Cf. HORTAL, Jesús. *Os sacramentos da Igreja na sua dimensão canônico-pastoral*, p. 25.

da caridade cristã. Certos comportamentos que pretendem impor o pressuposto de uma fé inabalável e de uma prática incontestável da caridade para se poder participar da celebração são insustentáveis.

Então, a celebração dos sacramentos deve dispor otimamente para a recepção frutuosa destes, de tal forma que a fé seja alimentada e robustecida e a caridade incorporada no dia-a-dia. Na prática, isso significa uma participação litúrgica frutuosa.

A participação litúrgica frutuosa é a "participação eficaz" na liturgia como "momento histórico da salvação", pois toda vez que se celebra o mistério pascal de Cristo, realiza-se a obra da nossa redenção.[2] Para recebermos plenamente os frutos da redenção (IGMR 17), é preciso uma participação ativa, consciente e plena do corpo e do espírito, exigida pela natureza da liturgia celebrada (cf. IGMR 18). Isto representa a nossa salvação. Na teologia, a salvação significa o louvor a Deus e a santificação humana, pois "da liturgia, portanto, e particularmente da eucaristia, corre como de uma fonte sobre nós a graça, e por meio dela conseguem os homens, com total eficácia, a santificação em Cristo e a glorificação de Deus (SC 10). Já segundo a antropologia, a salvação é o encontro da pessoa humana com o transcendente (Deus), consigo mesmo e com todo o cosmo. A *Sacrosanctum Concilium* diz que, ao celebrar a liturgia, os cristãos são, por um lado, "saciados pelos mistérios pascais" e, por outro, impulsionados pela "imperiosa caridade de Cristo" (cf. SC 10) a viverem em "perfeita união".

Para desenvolver melhor esse item, faz-se necessária uma abordagem elementar sobre e mistério pascal de Cristo e sua pedagogia litúrgico-sacramental.

---

[2] Cf. IGMR 2; Sacramentário Veronense 93, referindo-se à eucaristia.

1. O mistério pascal e sua pedagogia litúrgico-sacramental

Mistério pascal de Jesus Cristo é uma expressão muito antiga usada na celebração litúrgica para designar a passagem libertadora de Cristo entre nós. Tornou-se, na reforma litúrgica, o fundamento e chave interpretativa de todo o culto cristão. A SC 5 diz: "Esta obra da redenção humana e da perfeita glorificação de Deus [...] completou-a o Cristo Senhor, especialmente pelo seu mistério pascal de sua sagrada paixão, ressurreição dos mortos e gloriosa ascensão".

O mistério pascal de Cristo se inaugura com a encarnação do Verbo. A SC afirma que "Deus, o qual 'quer salvar todos os homens e fazer com que cheguem ao conhecimento pleno da verdade' (1Tm 2,4), [...] quando veio a plenitude do tempo, mandou seu Filho, Verbo feito carne [...]. Com efeito, sua humanidade, na unidade da pessoa do Verbo, foi instrumento da nossa salvação" (SC 5). Esta última afirmação enfatiza o caminho sacramental escolhido por Deus para a redenção. Por isso, lemos em são João: "o que era desde o princípio, o que ouvimos e o que vimos com os nossos olhos, o que contemplamos e o que nossas mãos apalparam [...] vo-lo anunciamos" (1Jo 1,1-2). Assumindo a natureza humana, Jesus se tornou para nós sacramento da divindade.[3]

Deus quis ser um sinal sensível para a nossa salvação, enviando seu Filho ao mundo. Era necessário também que, após sua morte, pudéssemos ainda tocá-lo sensivelmente e sermos tocados por ele, a fim de não interromper o processo salvífico que ele mesmo instaurou. Do contrário, a salvação estaria limitada ao período visível de Cristo na terra, já que ela depende do encontro com o Senhor por meio dos sinais, sendo ele mesmo o grande sinal entre nós, porque "Deus visitou o seu povo e o libertou" (Lc 1,68). Era necessário que o evento da ressurreição garantisse essa possibilidade, pois o Ressuscitado agora não é mais um sinal sensível, mas um espírito glorioso. "Queremos ver Jesus" (Jo 12,21) foi o

---

[3] Cf. Ofício divino, Oração de laudes, 11 de janeiro ou sexta-feira depois do domingo da Epifania.

apelo que alguns pagãos fizeram a Filipe. Esse apelo continua tão vivo como naquele tempo em que ele podia ser encontrado corporalmente.

Então, aqui começa uma outra etapa, que nos possibilita o encontro sensível com o Ressuscitado, mediante a Igreja e os sacramentos, portanto, por meio da celebração litúrgica. A retomada do encontro com Jesus por meio dos sinais sensíveis não é um método novo, pois desde o início da criação Deus se manifesta pelos sinais cósmicos. Situado no eixo do processo, o homem tem a missão de ser não somente jardineiro da criação, mas também artífice da leitura dos sinais. É nesse sentido que a teologia trata da existência de Deus com base na realidade cósmica, como vestígio do Criador. Como diz Luis Maldonado,

> é que essa estruturação do divino dentro do mundo das criaturas significa exatamente con-figurar, isto é, deixar vestígios da sua própria imagem, deixar neles uma semelhança real consigo mesmo: é, em outras palavras, uma manifestação que nos mostra ou revela o divino [...].[4]

Na criação, tudo reflete a bondade e a beleza do Criador.

A própria vida humana é tradicionalmente a base da pergunta por Deus, uma vez que, tomada em sua amplitude e profundidade, torna-se inexplicável sem a presença de um ser desconhecido, totalmente outro, transcendente para além do tempo e do espaço, que polariza e dá sentido à existência como um todo.[5]

A trajetória da visibilidade de Deus na *história da salvação* tem três momentos significativamente especiais, pelas suas características de aliança pascal. Ao modo de maravilha, Deus promove essas passagens, que se colocam a serviço da revelação e marcam o tempo e a história. O primeiro foi o êxodo dos hebreus, a Páscoa sonhada, realizada e celebrada no Antigo Testamento. Ela se tornou o referencial para o culto e para a vida cotidiana. O segundo momento foi a Páscoa de Jesus, suprema maravi-

---

[4] MALDONADO, Luis. A *ação litúrgica*, p. 63.
[5] Cf. SAHAGUN LUCAS, J. de. *Dios horizonte del hombre*, p. 5.

lha de Deus na história da humanidade. Seu início se dá com a encarnação e o ápice, com a cruz e a ressurreição. O terceiro é o da Igreja e da celebração dos sacramentos para fazer memória e reapresentar em clave litúrgica em todos os tempos e para todos os povos o mesmo e único sacrifício redentor da cruz.

São Leão Magno (440-461), de uma inteligência incomum e uma santidade coroada de méritos perante Deus e os homens, deixou muitos escritos teológico-litúrgicos. Entre eles, uma homilia sobre a ascensão, em que lemos uma frase que é um legado para a teologia litúrgica, visto que mostra com poucas palavras porque o tempo da Igreja constitui um tempo essencialmente sacramental, isto é, do encontro sensível com Cristo por meio da celebração litúrgica. Ele afirma que, depois da ascensão, *tudo o que era visível do nosso Redentor passou para os sacramentos* da Igreja.[6] Então, a via normal e principal para o encontro com o Senhor mediante os sinais sensíveis está nos sacramentos da fé, que a Igreja tem a missão de celebrar até a consumação da história.

Podemos, então, entender sob a ótica do Evangelho porque a liturgia é cume e fonte das ações da Igreja. O fim de toda evangelização é a celebração sacramental como "momento histórico da salvação". Por outro lado, ao celebrar, a Igreja ganha mais forças para continuar evangelizando.

Os três momentos a que aludimos constam de uma trajetória pascal, integral e essencialmente litúrgica. Integralmente litúrgica, porque se compõe de experiência ritual (Ceia pascal hebraica, última Ceia de Cristo, eucaristia e os outros sacramentos) e experiência existencial como fato histórico (passagem do mar Vermelho, morte de Cristo na cruz, constituição da Igreja). É também uma trajetória essencialmente litúrgica, como parte das maravilhas sensíveis e chega à pura experiência da fé, em que as maravilhas perdem sua visibilidade, mas não sua intensidade. Vejamos como isso funciona.

---

[6] *Sermo 2 De Ascensione.* PL 54, 398.

A Páscoa hebraica, seja qual for sua interpretação histórica, sempre será maravilhosa como fenômeno. Qualquer hebreu, diante da passagem pelo mar, se sente tocado pela mão divina, que o fez superior às forças da natureza, enquanto os inimigos sucumbiram visivelmente. O hino de Moisés (Ex 15,1-18) ecoa como um canto de vitória e de reconhecimento de um milagre.

Diferentemente da Páscoa hebraica, a Páscoa de Cristo foi muito mais maravilhosa como evento de fé do que como fenômeno, pois a forma como ele nasceu e como morreu só representou um fato inédito pela ótica da fé. Sem a revelação, ninguém poderia crer no mistério da encarnação. Sua morte também, à parte a publicidade em torno da sua figura, não parecia muito diferente da cena dos crucificados nos morros e nas beiras das estradas, tão comum naquele tempo. Somente a profissão de fé apostólica: "tu és o Cristo, o Filho de Deus" (Lc 9,20), pode condensar o mistério da natividade e da cruz e fazer com que nos maravilhemos infinitamente diante de Nazaré, Belém do calvário.

Ainda mais simples foram a constituição da Igreja e o estabelecimento da sacramentalidade da liturgia. Nada de grandiosidade exterior. Os homens e mulheres que se associaram a Jesus eram pessoas comuns. No entanto, com essas pessoas surgiu a maior instituição mística e missionária de todos os tempos. As dificuldades não foram páreo diante da tenacidade de sua fé e da sinceridade de coração. A ousadia da pregação de Paulo, quando anunciava o nome do Senhor, foi registrada por Lucas (At 9,28; 14,3; 17,4; 21,18).

Nessa mesma linha, a simplicidade sacramental-simbólica com que a Igreja dos primeiros séculos celebrou a liturgia é comovente. Aparentemente, nada de extraordinário. O testemunho de Plínio, o moço, governador da Bitínia, sobre a celebração eucarística no segundo século, o demonstra claramente. Considerado administrador íntegro e fidedigno, tinha a confiança de Trajano (98-117). Então, dedicou-se às intenções do imperador de extirpar o cristianismo do império romano. Entretanto, em carta (111-113), Plínio manifestou que achava as práticas litúrgicas cristãs muito inocentes: uma reunião em dia fixo, em que os cristãos cantavam hinos a Cristo como a um Deus, faziam juramentos de fidelidade e amor e tomavam uma refeição bastante vulgar e comum.[7] Isso demonstra que, para quem olha de fora, a celebração litúrgica é extremamente simples. Somente com os olhos da fé podemos enxergar seu aspecto maravilhoso, na medida em que nos faz ver o próprio Jesus.

Como estamos falando de participação frutuosa, é bom frisar que essa singela simplicidade que se manifesta nos gestos rituais e nos sinais sensíveis é capaz de revelar o maravilhoso. É aí que temos a possibilidade de ver Jesus. Consideramos um perigoso retrocesso toda a tentativa de fazer da celebração um cenário de maravilhas aparentes, porque, na linha sacramental, estamos no último tempo, que é o tempo da fé; aptos, portanto, para ver no mais simples o mais maravilhoso revelado pelo dom de Deus. Essa é uma norma fundamental para a participação litúrgica frutuosa. O Concílio simplificou a celebração litúrgica, renovando-a nessa linha. Apesar disso, nós podemos complicá-la de muitas outras formas.

Sendo assim, somos chamados a ver Jesus em sinais aparentemente comuns e por meio de uma ritualidade nobre, mas muito simples. A plenitude de tal encontro sacramental se realiza quando os cristãos se congregam para celebrar o mistério pascal de Jesus Cristo. Nesse momento, tudo é sinal sensível para possibilitar que o apelo "queremos ver Jesus" possa ser plenamente atendido, de tal forma que não percamos nada em relação aos que encontraram Jesus há dois mil anos. Os efeitos desse encontro litúrgico são os mesmos daqueles encontros históricos. Trata-se, antes de tudo, de um encontro com a pessoa de Jesus, como alerta a CNBB, e não de um sistema conceitual de idéias.[8] Isto seria um encontro com uma ideologia.

Quando os gregos pediram para ver Jesus, não lhes foram apresentadas idéias, mas o próprio Salvador em pessoa, com quem puderam ter um contato direto e concreto. Se não nos fosse deixada a possibilidade

---

[7] Cf. Apud LEBRUN, François. *As grandes datas do cristianismo*. Lisboa, Editorial, 1989. p. 25.

[8] CNBB. *Projeto Nacional de Evangelização 2004-2007*, 4,6.

da celebração ritual do mistério de Cristo, não seria possível fazer o que Filipe e André fizeram. Na celebração litúrgica, portanto, através do seu processo ritual sob o regime de sinais, encontramos Jesus em pessoa e, por conseguinte, a salvação que emana do seu mistério pascal.

2. A salvação em sua dimensão escatológica

Para compreendermos o alcance da nossa salvação hoje, é preciso vislumbrar a salvação na sua totalidade escatológica, de que a liturgia celebrada se torna porta-voz e fiadora, apesar de ainda estar na ordem dos sinais sensíveis.

O primeiro elemento a considerar é a sede de Deus, que leva o homem religioso ao mistério de Cristo. Isto tem a ver com o ser humano, que, sedento de Deus, peregrina por este mundo em busca de paz (cf. Sl 62[63]). Faz parte da inquietude de santo Agostinho: "fizeste-nos para ti e inquieto está o nosso coração, enquanto não repousa em ti".[9] Ninguém de bom senso pode negar que essa sede é real, embora muitas vezes não reconhecida e desviada para outras atividades nem sempre eficazes. Como diz o Salmo: "o imbecil nada compreende, disso não entende o idiota" (Sl 92[91],7).

Parece que quanto mais Deus se apossa de nós, mais ansiamos pelo seu encontro pleno e definitivo na eternidade. Tal sensação faz com que sejamos nesta terra essencialmente pascais e peregrinos. Sinônimo de vida pascal é vida peregrina. Na dinâmica da presença/ausência que a experiência religiosa nos proporciona por causa da sua dimensão simbólica, a peregrinação se apresenta como um fenômeno estranho e fascinante, aventuroso e perturbador.[10] O cristão é quem se deixou encontrar por Deus, mas, ao celebrar a liturgia, sente que a plenitude do encontro está um pouco além. Da liturgia terrestre caminhamos para a liturgia celeste, pois

---

[9] Livro 1, 1. In: *Confissões*. São Paulo, Paulus, 1997. p. 19.

[10] Cf. TERRIN, Aldo Natale. *Antropologia e horizontes do sagrado*, p. 370.

na liturgia da terra nós participamos, saboreando já a liturgia celeste, que se celebra na cidade santa de Jerusalém, para a qual nos encaminhamos como peregrinos, onde Cristo está sentado à direita de Deus Pai [...] até que ele, nossa vida, se manifeste, e nós apareceremos com ele na glória (SC 8).

Então, somos peregrinos por natureza. "Nesse sentido, peregrinar é aceitar viver numa condição 'liminar' na qual não se está mais integrado numa sociedade, mas se está a caminho para alguma outra coisa [...]. O peregrino é um buscador, um penitente, 'um marginalizado social'",[11] que nunca se integra plenamente a nenhum grupo social, pois está sempre em busca do mundo que está por vir. Por isso, o cristão é um verdadeiro peregrino, pascal e litúrgico por excelência.

Queremos insistir na importância da celebração litúrgica como fonte que sacia a sede que devora a alma em busca de vida plena. Corações inquietos, almas sedentas, são as pessoas que se acercam da liturgia celebrada, na esperança de encontrar a água da vida e o repouso do coração: "Vinde a mim vós todos que estais cansados sob o peso do vosso fardo e eu vos aliviarei" (Mt 11,28). O salmo invitatório da liturgia das horas (Sl 95[94]) convida não apenas ao louvor, mas também ao repouso que ele proporciona.

A realidade que está por trás desse repouso é o descanso sabático, como sacramento da nova ordem que reinará na liturgia celeste, a fonte da liturgia terrestre. Essa nova ordem é traduzida sacramentalmente pela liturgia dominical. Portanto, não é o lazer do domingo que nos traz o repouso sabático, mas a celebração da fé, que por natureza é a eucaristia, mas por vicissitude histórica (falta de ministros ordenados) acaba sendo em muitos lugares a celebração dominical da Palavra por ministros leigos, o que tanto tem ajudado em nossa realidade latino-americana. Se interrompermos as celebrações dominicais, perderemos nossa relação com a ordem escatológica e, assim, a celebração da fé passaria por um processo de estiagem que levaria à morte. Sendo assim, somos peregrinos não em busca de Deus, mas com Deus buscamos a nova ordem, cuja plenitude se dá para além do presente histórico.

---

[11] Ibid., pp. 374-375.

O profeta Isaías anteviu essa nova ordem quando raiar o dia em que "não terás mais o sol como a luz do dia, nem o clarão da lua te iluminará, porque o Senhor será a tua luz para sempre e o teu Deus será o teu resplendor" (Is 60,19). O Apocalipse retoma esse texto em clave litúrgica, intuindo que uma grande praça se transformará em sede da liturgia celestial, pois

> nela estará o trono de Deus e seus servos lhe prestarão culto; verão a sua face e o seu nome estará sobre suas frontes. Já não haverá noite: ninguém mais precisará da luz da lâmpada, nem da luz do sol, porque o Senhor Deus brilhará sobre eles, e eles reinarão pelos séculos sem fim (Ap 22,3-5).

Fronte aí tem o sentido do rosto como expressão dos sentimentos.[12] Essa forma de descrever rosto diante do rosto, olhos nos olhos é a mais perfeita para mostrar como será plena nossa comunhão com o Senhor. O rosto é o ponto focal da pessoa.

> No modo de entender bíblico, a face voltada é expressão de instauração de contato e relação, enquanto dar as costas indica o rompimento da relação e desinteresse. Toda a variedade do conjunto dos sentimentos humanos espelha-se no rosto e nos gestos.[13]

Nesse dia, não será mais preciso ver com o coração, porque tudo em nós será coração. No cumprimento de tal promessa "veremos" Jesus em plenitude, sem os sinais mediadores da história e sem a sacramentalidade da liturgia. Até lá, nosso encontro com ele precisará dos sinais litúrgicos. E o coração será o eixo do encontro.

O fruto da liturgia celestial é a plenitude da salvação, como um rio que sai do trono e do Cordeiro de Deus. "No meio da praça, de um lado e do outro do rio, há árvores da vida que frutificam doze vezes a cada mês; e suas folhas servem para curar as nações" (Ap 22,2). Na riqueza da

---

[12] Cf. BIANCHI, E. & O-LELLI, O. *Dizionario illustrato della lingua latina*. Firenze, Felice Le Monier, 1990. p. 693.
[13] SCHROER Silvia & STAUBLI, Thomas. *Simbolismo do corpo na Bíblia*. p. 113.

simbologia do número doze, está representada a totalidade do Novo Israel, povo da nova Aliança, usufruindo a totalidade dos frutos da liturgia, em termos de salvação para todos os povos. Na própria formulação do conceito de liturgia, como exercício eclesial e sacramental do sacerdócio de Jesus Cristo, em vista da glorificação de Deus e da santificação da humanidade (SC 8), encontramos os dois elementos que caracterizam a participação frutuosa na celebração: a glorificação de Deus e a santificação do homem. Quando Deus é glorificado e o homem santificado, ocorre, então, a salvação, que é o objetivo final da celebração do mistério de Cristo. Podemos dizer, portanto, que uma participação frutuosa é aquela que leva a comunidade e cada pessoa individualmente a um encontro salvífico com Deus, que se traduz em uma plena experiência de salvação. É isto que todos buscam, pois o ser humano anseia por essa salvação intuída pela sede de Deus, que nos faz buscar a fonte da vida.

O repouso do coração e a saciedade da alma são quesitos para que o homem possa buscar a perfeita união, na caridade em Cristo. Evidentemente é preciso uma vontade que nos coloque em direção da fraternidade. Contudo, não basta a vontade humana sem a graça divina. Sem repouso do coração e saciedade da alma, nenhum ser humano é capaz de amor oblativo, pois a ansiedade não nos permite amar. Quando a liturgia celebrada ajuda o homem a saciar sua sede de transcendência e redimensionar a vida na sua dimensão escatológica, torna-se um eficiente instrumento a serviço das libertações históricas.

3. A salvação nas libertações históricas

A ordem que rege a vida de fé é transcendente e escatológica, mas profundamente inserida no mundo. Com a liturgia celebrada não poderia ser diferente. Por isso, os seus frutos apontam nessas duas direções. A oração após a comunhão do 5º Domingo do Tempo Comum, como fruto da comunhão eucarística, pede a Deus que nos faça viver de tal modo unidos a Cristo, que tenhamos a alegria de produzir muitos frutos para a salvação do mundo. Então, a comunhão com Cristo, celebrada de modo sacramental e testemunhada na vida cotidiana dos cristãos, é causa de salvação para o mundo. Por isso, a participação litúrgica ativa, consciente e plena torna-se também frutuosa, na medida em que, tendo atingido ritualmente o nível do mistério, nos integra e nos remete ao mundo bem integrados a Cristo, de tal forma que nos tornemos sacramentos da sua presença libertadora. Em outras palavras, a liturgia celebrada continua como liturgia vivenciada, tendo como denominador comum a presença atuante de Cristo, Salvador e Mediador.

Nutrindo-se de tal presença, a liturgia celebrada se torna fecundamente frutuosa. É por isso que a SC, no n. 10, diz que a liturgia é o cimo para o qual tende a ação da Igreja e, ao mesmo tempo, a fonte de onde emana toda a sua força. Esta afirmação, que já se transformou num axioma, traduz uma verdade que a Igreja sempre viveu, mas que precisava ser retomada com afinco. A primeira parte diz que toda a ação da Igreja, entendida como trabalho apostólico, converge para a liturgia (como mistério, celebração e vivência). E a segunda aponta o porquê da primeira: é na liturgia bem celebrada e indissociavelmente vivenciada pelo testemunho dos cristãos que a Igreja adquire força ou, do contrário, se enfraquece. Podemos formular assim: o mistério é a fonte de todas as ações da Igreja, as quais convergem tanto para a celebração como para o testemunho da fé. Isto constitui a salvação na sua dimensão histórica.

Segundo G. Iammarrone, "com o termo 'salvação' pode-se indicar o estado de realização plena e definitiva de todas as aspirações do coração humano nas diversas ramificações da sua existência";[14] ou como diz Roger Haigt, a salvação trata da "plenitude e da realização do *humanum* em todas as suas dimensões".[15] Estas definições tentam abranger o aspecto fenomenológico e teológico do conceito de salvação. Na sua raiz hebraica, o termo mais apropriado para expressar a salvação é *jšc*, que indica a ação de Deus que liberta dos inimigos, cria espaço, ajuda, cura.

---

[14] IAMMARRONE, G. Salvação. In: VV. AA. *Lexicon-Dicionário teológico enciclopédico*, p. 677.

[15] HAIGHT, R. *Jesus, símbolo de Deus*, p. 145.

Haight afirma que "toda e qualquer teoria da salvação deve responder às experiências negativas de *ignorância, pecado, culpa, sofrimento e morte*".[16] Portanto, "ser salvo é ser tirado de um perigo onde se corria o risco de perecer".[17] Nesse sentido, afirma o autor que

> a salvação hoje tem que tratar das experiências fundamentais de desorientação quanto ao sentido último da existência, do mal que caracteriza a existência humana, da falência moral na própria existência pessoal e da finitude que nunca é sólida, mas simplesmente diminuída pelo sofrimento e pelo tempo, culminando na manifesta aniquilação que é a morte.[18]

Vale a pena lembrar a situação em que vivemos no mundo pós-moderno, para definir qual a real necessidade de salvação, e assim podermos entender melhor em que consiste hoje a participação litúrgica frutuosa como experiência.

Bruno Forte, em seu livro *A essência do cristianismo*, afirma que o mundo pós-moderno, em nome de uma emancipação dos indivíduos, destruiu a imagem moderadora do "pai", em prol de uma sociedade sem pai nem mãe, somente de irmãos dentro do espírito de *liberté, égalité* e *fraternité*. Isso drasticamente culminou nos totalitarismos violentos e ideológicos. Porém, durou pouco. As ideologias morreram rapidamente. Agora resta um niilismo marcado por uma falta absoluta de uma verdade comum, pois cada um tem a sua e a considera absoluta. Segundo o mesmo autor, essa é a pior doença do nosso tempo. Está fora de moda ter paixão por uma verdade maior. Cada um se vira com a própria, sem se dar conta do quanto está fazendo mal, pois o sonho de emancipação do mundo e da vida se espatifou contra a inaudita violência que explode em guerras, limpezas étnicas, campos de concentração e terrorismos brutais;[19] sem se esquecer da violência que fustiga e mata todos os dias pobres, ricos, empresários, trabalhadores e toda espécie de gente do bem e do mal.

---

[16] Ibid., p. 408.

[17] LESQUIVIT, C. & GRELOT, P. Salvação. In: LÉON-DUFOUR, X. *Vocabulário de teologia bíblica*, p. 942.

[18] HAIGHT, R. *Jesus, símbolo de Deus*, pp. 408-409.

[19] FORTE, Bruno. *A essência do cristianismo*, pp. 13-17.

Tal situação já vinha sendo descrita claramente no começo da década de 1990, quando Aldo Terrin escreveu sua *Introdução ao estudo comparado das religiões*, em que faz uma avaliação da situação do homem pós-moderno:

> A sociedade atual esconde uma espécie de "doença mortal" que aos poucos se alastra em camadas sempre mais amplas com a virulência superior à de qualquer bactéria ou vírus: trata-se de uma angústia que é algo mais que o simples medo diante de um perigo ou de uma dificuldade; trata-se de um sentimento vago, mas resistente, que cria confusão, desnorteamento, depressão, ansiedades. É um animal peçonhento que "morde" e cria "remorso" — como diria De Martino; é um fenômeno inteiramente moderno que alguém já chamou de a verdadeira doença do século XX. De modo patológico, essa doença da psique reflete-se e reduplica-se até tornar-se "medo do medo", até perder a relação com um objeto real de temor ou de medo e converter-se simplesmente no sinal de uma inquietação interior que se move agora num círculo fechado [...] como uma vontade de autodestruição sem limites.[20]

O homem, por natureza, não pode conviver com esse nível de tensão, que é um inibidor brutal de suas potencialidades, justamente porque age na raiz da sua vitalidade instintiva. Constitui um atentado contra a possibilidade de ser feliz. Segundo a teoria da motivação, de Maslow, quanto mais o homem favorece e dá vazão às próprias necessidades instintivas, desenvolvendo as potencialidades, tanto mais cria condições para a felicidade.[21]

Na dinâmica da satisfação das necessidades, existem cinco passos, segundo a lógica da natureza humana. Num primeiro momento, precisamos satisfazer as necessidades fisiológicas, que são as essenciais, evidentes e elementares, de que depende a vida. Em segundo lugar, estão as necessidades de segurança, de estabilidade, de proteção (na figura de um protetor poderoso), de estrutura, de ordem, de lei, de limites adequados

---

[20] TERRIN, Aldo Natale. *Introdução ao estudo comparado das religiões*, pp. 324-325.
[21] Cf. FIZZOTTI, Eugênio. Abraham Maslow e Victor E. Frankl. Os ritos de cura..., p. 240.

etc., o que significa isenção do medo, da ansiedade, do caos. Em terceiro lugar, o sentimento de posse e de afeto, amigos, família, entre outros. Em quarto lugar, aparecem a auto-estima e o desejo de valorização pelos outros. Neste patamar, podem-se alojar todos os anseios de prestígio, poder, domínio e apreço. Por fim, temos a auto-realização como desejo maduro no final de um processo ascendente de valores.[22] É aí que se alojam a verdade, a beleza, a perfeição, a justiça, a honestidade.[23]

A celebração litúrgica deve apresentar Jesus, que não descuidou de nenhum detalhe da pessoa humana, entre os quais a necessidade de alimentação, a autoconfiança, a saúde, o amor–caridade e a solidariedade com os excluídos.

Foi exatamente num contexto de refeição em evocação ao alimento como necessidade primaria de sobrevivência individual (comida) e social (ceia), que Jesus instituiu o principal sacramento da salvação, doando-se a si mesmo como comida e bebida para a vida eterna. Por isso, a Igreja primitiva, apesar de fazer bem a distinção, não separou imediatamente a ceia eucarística da ceia comum ou ágape e, por longo tempo, deverá fazer da eucaristia dominical o momento da partilha em solidariedade para com os necessitados. No segundo século, atestamos esse gesto, quando são Justino de Roma afirma que depois da comunhão eucarística vinha a partilha de bens em comunhão com os necessitados:

> Vem depois a distribuição e participação feita a cada um dos alimentos consagrados pela ação de graças e o seu envio aos doentes pelos diáconos. Os que possuem alguma coisa e queiram, cada um conforme sua livre vontade dá o que bem lhe parece, e o que foi recolhido se entrega ao presidente. Ele o distribui aos órfãos e viúvas, aos que por necessidade ou outra causa estão necessitados, aos que estão na prisão, aos forasteiros de passagem; numa palavra, ele se torna o provedor de todos os que se encontram em necessidade.[24]

---

[22] Cf. ibid., pp. 240-241.

[23] Ibid., p. 241.

[24] JUSTINO DE ROMA. Apologia I, 67,6. In: *Coleção Patrística*. São Paulo, Paulus, 1995, p. 83.

Nessa perspectiva, a SC pediu que na restauração da oração universal, entre as quatro principais preces, se fizesse uma pelos que mais padecem privações (cf. SC 53). A Instrução Geral do Missal Romano nos dá a entender que essa é uma forma de nos preocuparmos com a salvação dos que estão privados de suas necessidades elementares (cf. IGMR 69). Como para Deus palavra e ação não têm separação, para os cristãos orar e buscar soluções concretas constituem um único ato de fé, um culto litúrgico pleno.

Em consonância com tal princípio, a relação entre liturgia e caridade sempre foi muito explícita. Um dos exemplos mais eloqüentes está nas orações da eucaristia. O aspecto convivial da ceia eucarística nos remete ao compromisso da fraternidade cósmica. Várias orações do missal romano, sobretudo depois da comunhão, apresentam a caridade como o primeiro fruto da eucaristia. Vejamos algumas: numa oração, a eucaristia é chamada de *alimento da caridade* que nos leva a servir a Deus nos irmãos e irmãs (22º domingo do TC). Em outra, o crescimento na caridade é fruto desejado por quem participa do memorial do Senhor (33º domingo do TC). O Espírito Santo se revela como dom da comunhão, fazendo-nos perseverar na sinceridade do amor (32º domingo do TC). A oração depois da comunhão, na missa do Sagrado Coração de Jesus, chama a eucaristia de sacramento da caridade.

Por isso, podemos dizer que entre os frutos da celebração estão a comunhão e solidariedade para com os excluídos. A sacramentalidade de Jesus na história da humanidade foi essencialmente um gesto de solidariedade para com os excluídos, o que ele fez questão de frisar em todo o seu ministério público. Esta é uma virtude que os sacramentos trazem consigo. Uma oração após a comunhão pede a Deus que a nossa vida seja sustentada pela força dos sacramentos (cf. *Missal Romano*, quinta-feira depois do Natal). Mas isto só é possível, de acordo com outra oração, se a nossa vida se conformar com os sacramentos que celebramos (cf. *Missal Romano*, sexta-feira depois do Natal). Portanto, a comunhão sacramental com o Senhor só tem sentido se nos levar à comunhão solidária com aqueles que estão à margem da vida. Sendo "refeição de Deus e refeição com Deus", a eucaristia se torna uma refeição de solidariedade: "Quando deres uma festa, chama pobres, estropiados, coxos, cegos" (Lc 24,23); "Feliz quem tomar refeição no Reino de Deus" (Lc 14,15).

A relação entre celebração litúrgica e autoconfiança sempre foi muito evidente. A segurança que Jesus inspirava nos seus ouvintes reafirmava a confissão de fé no Messias Salvador. Em muitas orações, a liturgia apresenta Deus como o Todo-poderoso que sustenta as nossas vidas. O homem pós-moderno está vivendo a pior crise de insegurança de todos os tempos. Sair de um culto litúrgico sentindo-se protegido por Deus não é pouca coisa diante do medo que esmaga e deforma a pessoa, preconizando também ações violentas. Porém, quando nos sentimos protegidos, uma ação terapêutica se realiza em nós. A celebração litúrgica pode nos ajudar nesse momento, desde que nossa participação seja frutuosa e autêntica.

Uma visível reaproximação, com base na eficácia litúrgica, é entre celebração litúrgica e saúde. O binômio saúde–salvação volta a ser atual, não por acaso, coincidência ou modismo, mas porque a saúde sempre foi ligada à salvação.[25] Como diz Aldo Terrin, "tudo nos leva a admitir que a relação entre religião e saúde é uma relação essencial, inegável e antiqüíssima que com certeza não poderá ser destruída pelo mundo técnico-científico".[26] A reaproximação entre liturgia celebrada e terapia exige uma nova visão da doença, dentro de um quadro vital e holístico:

> Temos a impressão, portanto, de que chegou a hora de inverter o conceito sobre doença: de uma visão fisiológica e biológica para uma interpretação sistemática, psicológica e espiritual. A doença é uma "verdadeira metáfora do espírito", não obstante a polêmica com S. Sontag, que tem razão quando afirma que "pretender reduzir a doença à moral seria prejudicar o doente", mas errava quando considera a doença como algo natural, inevitável, independente da pessoa ou da sociedade.[27]

---

[25] Cf. TERRIN, Aldo Natale. A doença... In: VV. AA. *Liturgia e terapia*, p. 188.

[26] Ibid., p. 183.

[27] Ibid., p. 191.

A celebração litúrgica tem poder terapêutico, pois ajuda a reconquistar a harmonia destruída pelo estresse do dia-a-dia. Uma boa celebração promove uma enorme sensação de bem-estar, alegria e paz, contribuindo, assim, para a salvação.

O famoso axioma de santo Agostinho, que definiu os sacramentos como "sinais visíveis de uma graça invisível",[28] mostra-nos a íntima conexão entre o sensível e o transcendente e as conseqüências para a vida imanente. Aí reside um dos aspectos frutuosos da participação litúrgica, porque o retorno desse processo tem como objetivos específicos a caridade como reformulação relacional e todas as libertações operadas no nível da interioridade da pessoa e da convivência social. A profecia messiânica de Isaías, assumida por Jesus na Sinagoga de Nazaré (Lc 4,18ss), condensa tais libertações como Boa-Nova, em forma de cura das "feridas da alma", redenção dos cativos, libertação aos presos, perdão das dívidas, alegria em vez da tristeza, dignidade diante da verdade, re-população do deserto e reconstrução das ruínas (cf. Is 61,1-4).

Podemos fazer liturgia, sem, contudo, participar. Quando o rito não se torna instrumento de salvação, cai-se no ritualismo. Infelizmente é possível acontecer esse desvio com freqüência. Por isso, podemos ter muita prática litúrgica e pouca libertação, sem nunca trabalharmos as feridas da alma, as repressões, tristezas e solidão, ou também sem nos dispormos à caridade. Enfim, a participação litúrgica frutuosa, como experiência salvífica, tem seu eixo na transcendência, pois é aí que se opera o encontro com Deus e a salvação se torna uma experiência abrangente que irradia na história. Dessa forma, a nossa vida se torna uma oblação com Cristo ao Pai, até que Deus seja tudo em todos.

---

[28] "Invisibilis gratiae, visibilia Sacramenta": SANTO AGOSTINHO. *Quaestiones in Heptateucum* III, 84: PL 34, Col. 712.

VIII

Participação litúrgica piedosa

> *E havia em Jerusalém um homem que era justo e piedoso.*
> *Ele esperava a consolação de Israel*
> *e o Espírito Santo estava com ele.*
> (Lc 2,25.)

Como já vimos, a participação litúrgica consciente mobiliza a mente e o coração, orientando a disposição para o mistério celebrado. Dessa forma, o conjunto das nossas disposições, representado pela percepção, intelecção, vontade, memória, criatividade etc., aliado aos afetos, proporciona uma vivência ritual, em que a leitura simbólica conduz à experiência mística. Quando tais disposições já vêm na sua origem tomadas pelo desejo de Deus e abertura ao sagrado, representam uma participação de natureza piedosa. A IGMR, ao falar dos frutos da celebração eucarística, diz que para chegarmos a colhê-los com abundância é preciso que toda a celebração nos leve à participação consciente, ativa e plena de todo o corpo e espírito, animada pelo fervor da fé, da esperança e da caridade (IGMR 18). É esse fervor que pode ser identificado com a piedade. A SC, no n. 29, afirma que os ministérios litúrgicos devem ser exercidos com uma piedade sincera.

O adjetivo "pio" é uma qualidade que expressa os sentimentos de devoção. No seu sentido original, devoção significa prometer em voto, consagrar a Deus. Então, a piedade é um sentimento que, colocando em ato a virtude de religião, nos faz descobrir a presença de Deus em nosso coração e a sua contínua oferta de salvação. Por isso, a piedade supõe uma relação madura com o sagrado.

Sendo assim, o homem piedoso tem a virtude de religião suficientemente desenvolvida, a ponto de lidar com a dimensão do sagrado de forma madura e conseguir ritualizar com aptidão os mistérios da fé. A piedade se constitui, então, como um excelente recurso a serviço da mística.

No rol das qualidades da participação litúrgica, desenvolvemos piedade por último, porque ela é tanto como a argamassa que junta os blocos, dando consistência à construção, como a solidez do alicerce (Mt 7,24ss), que impede a ruína diante das tempestades. Seria difícil imaginar, portanto, uma participação litúrgica ao mesmo tempo ativa, consciente, plena e frutuosa, sem ser piedosa. É a piedade que sempre dá o tom da participação interior e a harmonia da participação exterior. Por isso, ela abre caminho (via do sagrado) para a experiência mística e dá vazão à sede de Deus que habita todo homem em busca do sentido último da vida, e em busca da vida no seu sentido último.

Por ser profundamente piedoso, o místico mantém sempre uma passagem entreaberta ao transcendente. Suas noites escuras são densas, mas nunca apavorantes, porque sem cessar tremeluz a certeza de que do outro lado Deus o aguarda.

Como o encontro litúrgico com Deus passa pelos sinais sacramentais, imaginamos que esse processo funcione assim:

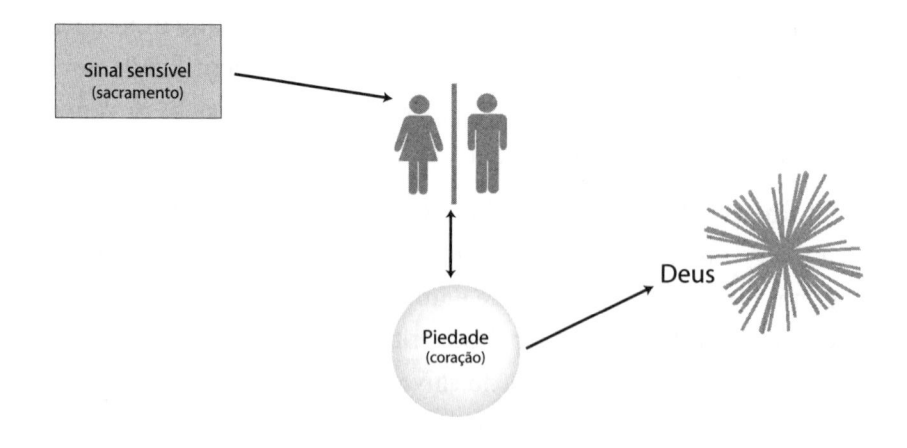

A piedade se manifesta no coração, no âmbito da virtude de religião, e ilumina o caminho da mística, tornando-se, assim, um elemento fundamental da participação litúrgica ativa. Mais uma vez Deus é protagonista, pois a teologia litúrgica afirma ser ele a fonte da piedade.[1] Por isso, a piedade é a base para se participar de um rito sagrado, porque ela é um recurso que o próprio Deus nos oferece a fim de nos ajudar na passagem das ações comuns para as rituais. Ao mesmo tempo, o rito celebrado como encontro com Deus se torna fonte de piedade, como se diz da eucaristia sacramento da piedade (SC 47) e do ofício divino fonte de piedade (SC 90).

A reforma litúrgica reconheceu e recomendou os atos de piedade, desde que inspirados, ordenados e harmonizados de acordo com a celebração do mistério de Cristo no decorrer do ano litúrgico (SC 13). Com tal recomendação, o Concílio estava consciente de que, infelizmente, ao longo da história a prática da piedade litúrgica acabou degringolando para os diversos "pietismos", e o termo foi paulatinamente dissociado da oração litúrgica e mais aplicado à oração popular. Então, aos poucos foram surgindo duas linguagens: a da liturgia e a da piedade popular. Por isso, a Congregação para o Culto Divino e a Disciplina dos Sacramentos publicou em 2003 um *Diretório sobre piedade popular e liturgia*, a fim de oferecer princípios e orientações que ajudem a integrar o que no início da Igreja estava integrado, pois

> nessa época, liturgia e piedade popular não se contrapõem nem conceitual nem pastoralmente: concorrem harmoniosamente para a celebração do único mistério de Cristo considerado unitariamente e para a sustentação da vida sobrenatural e ética dos discípulos do Senhor".[2]

Essa centralidade do mistério de Cristo é que garante que a piedade popular e a celebração litúrgica se integrem. Como diz o diretório anteriormente citado,

---

[1] MISSAL ROMANO. Oração sobre as oferendas, sábado nos dias da semana do Tempo do Natal.

[2] *Diretório sobre piedade popular e liturgia*, p. 33.

na era apostólica e subapostólica nota-se uma grande fusão entre as expressões cultuais que hoje chamamos respectivamente liturgia e piedade popular. Para as mais antigas comunidades cristãs a única realidade que conta é Cristo (cf. Cl 2,16), suas palavras de vida (cf. Jo 6,63), o seu mandamento do amor mútuo (cf. Jo 13,14), as ações rituais que ele mandou realizar em sua memória (cf. 1Cor 11,24-26). Tudo o mais — dias e meses, estações e anos, festas e novilúnios, comidas e bebidas... (cf. Gl 4,10; Cl 2,16-19) — é secundário.[3]

É função da liturgia, portanto, ajudar os cristãos a encontrarem a sacramentalidade verdadeira para a vivência da piedade popular. Muitas coisas se perderam na vida da Igreja e na piedade popular por falta de catequese litúrgica. Exemplos são a penitência quaresmal e o jejum pascal, que a SC, no n. 110, tanto recomenda. Quaresma significa quarenta dias de penitência, que devem ser iniciados e, sobretudo, concluídos com um jejum "religiosamente observado". Em muitos lugares do Brasil, a cultura religiosa popular fez da Sexta-feira Santa uma festa com iguarias à base de peixe. Tudo, menos jejum. A Sexta-feira Santa foi totalmente banalizada mesmo dentro da vida eclesial. Nesse dia, que pela tradição não há sacramentos nem alimentos, as cozinhas quase nunca param. A piedade litúrgica deve ser referencial para a piedade popular, com base no mistério de Cristo celebrado no ano litúrgico, não podendo abrir mão disso, pois não se trata de atitudes puramente individuais e interiores, mas de ações com caráter sacramental. Por isso, precisam manter visibilidade no seu aspecto litúrgico-comunitário (cf. SC 110).

Não podia faltar, portanto, entre as qualificações da participação litúrgica, a piedade, porque nos possibilita a abertura ao sagrado que leva ao mistério. Mais uma vez, vemos a importância da base religiosa para a celebração da fé.

Então, de modo fundamental, piedade é uma virtude religiosa, que pode ser estendida também à relação humana, na qual se manifesta como um sentimento forte de amor, gratidão e afeto, até se transformar em ternura, compaixão e clemência. Mesmo quando é um sentimento rela-

---

[3] Ibid., p. 31.

cionado ao cosmo ou à pessoa, a piedade só funciona porque a gente vê o outro como sagrado. É a partir dessa experiência antropológica que pedimos a piedade de Deus por nós (*Kyrie eleison*), sentimento teologicamente traduzido por misericórdia.

Segundo a liturgia, a piedade é aquela disposição amorosa de acolher o mistério celebrado. Ela se torna, então, uma graça para podermos louvar a Deus mediante a participação "nos mistérios" que a liturgia celebra. Sem a piedade, não é possível a reverência diante da magnitude do mistério.

No item anterior, tratamos da participação eficaz na celebração litúrgica, visando aos seus frutos em nossa vida (participação frutuosa). Justamente, a SC afirma que "para se chegar a esta eficácia plena, é necessário que os fiéis se acerquem da sagrada liturgia com disposições de reta intenção, adaptem a mente às palavras e cooperem com a graça divina para não a receberem em vão" (SC 11). Estas disposições de cooperação com a graça divina carecem de um sentimento de acolhimento reverente àquele que é totalmente Outro. A esse sentimento chamamos piedade.

Tal questão é fundamental para enfrentarmos o futuro, pensando na experiência ritual de Deus que todos os homens de todos os tempos fizeram e farão até a consumação da história.

Estamos vivendo hoje a chamada "era digital", que nos trouxe uma rapidez sem precedentes na comunicação, ao lado de uma capacidade de condensar e modificar informações nem sequer imaginada no passado. Por sua vez, a era digital instalou a "cultura digital", que é uma mistura entre o real e o virtual, em que as distâncias perderam seu referencial. Fala-se, por isso, em cultura da simulação, "no sentido em que a mídia sempre transforma aquilo de que ela trata, embaralhando identidades e referencialidades. Na nova idade da mídia, a realidade se tornou múltipla".[4] Se a emergência da cultura digital e seus sistemas de comunicação transformam o modo como pensamos, não poderão, contudo, modificar

---

[4] SANTAELLA, Lúcia. *Culturas e artes do pós-humano*, p. 128.

o nosso ser como filhos de Deus. Desse modo, a era digital não pode ajudar muito na comunicação litúrgica. Nesse contexto, ensaia-se uma espécie de corpo humano cibernético, em suas múltiplas realidades, já que é próprio da cultura digital olhar qualquer realidade com base em sua multiplicidade. Em um desses olhares futuristas, o corpo é visto "plugado" no computador para saída e coleta de fluxos de informação.

A comunicação litúrgica, porém, não é como a comunicação de um corpo plugado no computador, recebendo informações e sensações automática e diretamente. A experiência de Deus é de outra natureza, a tal ponto que se surgir o homem "pós-humano", como já se diz, se ele ainda for de verdade humano, multiplicar-se-ão as casas de oração e de culto litúrgico, para que ele possa fugir a essa comunicação rápida e acumulativa de informação, a fim de se encontrar, por meio de um processo tão lento como o namoro, com o mistério de Deus. Então, se a técnica está ensaiando o "homem plugado no computador", a liturgia celebrada forja o "homem piedoso".

Hoje se fala também de ciberespaço, que é a dimensão computadorizada na qual fazemos a informação circular, criando um mundo relativamente independente com suas regras e dimensões.[5] Tal forma de criar espaços e manipular os sinais também não nos ajudará na passagem do espaço comum para o espaço litúrgico. Não estamos rejeitando as conquistas da cibernética, que estão aí para ser usadas a serviço do homem e da cultura. Contudo, não podemos ser ingênuos a ponto de achar que a era digital ofereça o caminho mais fácil para as experiências mais profundas, como o amor ou a oração. Ela pode fazer o milagre de conhecermos e até visitarmos outros planetas. No entanto, não ajuda muito no encontro com o ser humano que está do nosso lado, e muito menos com Deus.

Vemos um futuro em que a era digital alcançará níveis ainda impensados. Mas vemos também um porvir muito promissor para a liturgia, por causa de sua potencialidade mística. Na era da máquina, precisamos

---

[5] Ibid., pp. 100-101.

continuar celebrando nossa fé, de tal forma que Deus seja louvado e o homem, santificado. Dessa forma, o homem também é proclamado filho no Filho. Então, nada melhor do que a liturgia para anunciar celebrando: "Vós sois homens e não máquinas". Lúcia Santaella, ao fazer uma avaliação sobre o futuro inevitável da era digital, acentua também de forma muito interessante a diferença entre o homem e a máquina:

> A oposição entre o humano e as máquinas é muito antiga. O humano pode experienciar muitos afetos, inclusive compaixão e piedade; máquinas não sentem nada. Elas funcionam dentro de limites estreitamente definidos, e quanto mais padronizadas, mais estes limites se tornam rígidos. Os organismos, ao contrário, são mais abertos às potencialidades. A vida é experiência, o que significa improvisação; a vida é tentativa em todos os respeitos. Máquinas são compostas de parte. Elas são armadas e desarmadas. Elas estão abertas a modificações ou reconstruções. Para o ser humano, a idéia de ganhar novas partes é apenas um pouco menos horrível do que perder partes. A máquina tanto solta quanto adquire novas partes com a maior facilidade. A perspectiva humana parece insistir sobre a integridade humana como a única forma possível [...].[6]

Não é fácil inculcar o valor do rito litúrgico, quando este não é aprendido desde cedo na oração. Trata-se mesmo de uma ausência de piedade, ou seja, de reverência para com o mistério, por falta de comunhão com o sagrado e, conseqüentemente, de uma sólida base religiosa. Não é possível entrar no mistério sem essa disposição que a piedade nos possibilita. Em geral, uma assembléia litúrgica é composta de muitas pessoas piedosas, o que nem sempre notamos naqueles que devem ajudá-las a celebrar, para que o rito flua como um rio da vida levando bem-estar e saúde a todos.

Hoje é mais fácil falar em piedade como sentimento humano, pois as relações teologais tornaram-se áridas no mundo da técnica e da lógica. Faz-se necessária uma reeducação para o mistério divino. Já estudamos a importância do rito para definir a liturgia como ação sagrada. Se

---

[6] Ibid., p. 228.

perdermos essa dimensão, o rito não funciona. Por isso, é preciso insistir deveras em relação à piedade e à ação ritual sagrada. Como a passagem das ações comuns para as ações rituais não é automática nem fácil, a piedade vem em nosso socorro, ajudando-nos nessa viagem. Se prestarmos atenção na estrutura da arquitetura dos nossos espaços litúrgicos ao longo da história, independentemente da arte e das épocas, veremos que foram feitos como um apelo para tal passagem. Seja as comunidades antigas do tipo *Domus Ecclesiae* de Dura Europos, na Mesopotâmia, seja as igrejas românicas, góticas ou barrocas, cada qual a seu modo, apesar de suas limitações, significa esse apelo. É um convite ao homem para adentrar o mistério por meio do espaço sagrado.

O perigo está em novas construções que manifestam pouca preocupação com a sacramentalidade da presença de Deus. Também há que se pensar nas comunidades que proporcionam uma passagem súbita da vida comum para a celebração litúrgica, como no caso dos conventos, comunidades religiosas e seminários, cuja capela, muitas vezes, está dentro de casa. As pessoas não conseguem adentrar o mistério, passando subitamente de um espaço comum para um espaço sagrado, sobretudo quando já estão acostumadas a esses espaços, residindo ao lado deles. Por isso, é necessária uma sensibilidade na linha da piedade para atingirmos a participação frutuosa.

Conclusão

O que mais faltou nestes mais de quarenta anos de reforma litúrgica foi a formação litúrgica, incluindo a preparação para o desempenho da arte ritual e a conseqüente fundamentação teológico-litúrgica para exercê-la com humildade e competência. Nesse sentido, a formação litúrgica do clero deixou a desejar, embora haja muito esforço nesse campo. Para uma visão litúrgica tão desafiadora e mística, o Concílio reconheceu que não haveria esperança alguma de verdadeira participação ativa do povo de Deus, se os pastores de alma não fossem imbuídos do espírito e da força da liturgia, tornando-se mestres nela. Então, determinou que o clero fosse formado de acordo com tal princípio "em primeira mão" (SC 14). Para isso, a formação dos professores de liturgia nos seminários e nas faculdades teológicas seria urgente (SC 15). Conseqüentemente, o ensino da liturgia se tornaria uma disciplina principal nas faculdades teológicas e nos seminários, além de constituir o eixo formativo das outras disciplinas, sobretudo da teologia dogmática, da Sagrada Escritura, das teologias espiritual e pastoral (cf. SC 16). Nessa mesma linha, os candidatos ao presbiterato carecem de uma formação espiritual fundamentada numa profunda iniciação litúrgica (SC 17). É claro que a formação permanente dos que já trabalhavam na vinha do Senhor (SC 18) e a formação de todos os cristãos leigos (SC 19) foram insistentemente recomendadas.

Por outro lado, nas instituições de formação teológica, mesmo para os professores das outras áreas, o processo tornou-se muito difícil, pois eles mesmos tiveram de descobrir a liturgia como fonte e cume da vida e da ação da Igreja e, conseqüentemente, do ensino teológico. No nível acadêmico, a separação entre liturgia e sacramentos ainda continua gritante e isso demonstra que o Concílio não foi levado em consideração, nem mesmo o Código de Direito Canônico, que se adaptou à reforma conciliar, pois não trata de liturgia e sacramentos em separado.

Apesar da devida tolerância e da paciência necessária em relação à demora natural do processo histórico, não podemos nos contentar com os resultados obtidos no campo da formação. Talvez o que tenha mais avançado seja a formação dos leigos, e isso é um sinal dos tempos. Falando de nossa realidade brasileira, as faculdades de teologia estão abrigando, cada vez mais, leigos(as) e religiosos(as) interessados(as) na ciência da fé. Tal constatação fortalece a esperança de que esse processo acabe levando a Igreja, no seu conjunto ministerial, a uma formação litúrgica aprofundada. Dessa forma, a Igreja vai crescer muito, e os sinos que provavelmente soaram no mundo inteiro, por ocasião do encerramento do Concílio Vaticano II, terão de fato anunciado um "Pentecostes".

O Espírito derramado sobre a Igreja, conforme Atos 2,1ss, fundamentalmente se traduz na linguagem do amor ao mistério de Cristo, superando toda diferença e contradição em vista da missão. Como os Apóstolos em Jerusalém, seus sucessores estiveram por longos dias na Basílica de São Pedro, em Roma, ouvindo o apelo do Espírito às Igrejas reunidas na comunhão conciliar, sob a presidência do sucessor de Pedro, durante a maior parte do tempo que transcorreu entre o dia 11 de outubro de 1962 e o dia 8 de dezembro de 1965.

As primeiras palavras do beato João XXIII, na abertura do Concílio, foram: "alegra-se a mãe Igreja". Não serão os desafios que nos farão perder tão fecunda alegria, porque o Pentecostes é essencialmente pascal e não pode terminar enquanto durar a história. Então, é tempo de navegar em águas mais profundas e nunca deixar de sonhar!

Os desafios e os sonhos foram, de certa forma, apresentados ao longo do nosso trabalho. O caminho da ritualidade litúrgica é nossa via sacramental da salvação. Em cada cultura e na própria inculturação, o rito precisa ser compreendido mais cientificamente e praticado com mais convicção. Quebram-se ritos, sem perceber que acontece o mesmo com as pessoas que estão celebrando. Isso mostra uma deficiência na formação litúrgica e uma falta de sensibilidade ao simbólico.

A ritualidade litúrgica, porém, não existe para si mesma, mas em função do mistério celebrado. Como a passagem do comum para o sagrado demonstra ser um mergulho difícil, é preciso reestruturar a dimensão religiosa que está muito arranhada pelo avanço da cultura técnica e da filosofia da era digital, em que tudo se pretende fazer de forma rápida e automática. Por isso, a desenvoltura ritual litúrgica está encontrando muita dificuldade, enquanto a vida comum está sendo inflacionada por ritualismos banais, sem significado e eficácia. Temos de voltar a comportamentos mais essenciais na vida comum e no rito celebrado, e quem sabe valorizar mais a virtude de religião.

Pensamos que esse é o caminho para avançar na concretização da reforma litúrgica do Concílio Vaticano II, mais de quarenta anos depois de muitas experiências positivas e outras que não deram certo. Não tememos reconhecer as falhas que, corrigidas, podem nos ajudar a seguir em frente, celebrando nossa fé como experiência de salvação.

Diariamente, por meio da liturgia das horas e da celebração eucarística, sentimo-nos no regaço de Deus, onde depositamos nossas tensões, preocupações e incertezas. Tal momento salva o nosso dia com a luz divina, e vai-nos resgatando dia após dia, ao dar à vida um sabor de domingo e não permitir que ela mergulhe no tédio diário ou nas trevas de uma Sexta-feira da Paixão.

Aceite o leitor nossa devoção ao Concílio Vaticano II, sobretudo pelo que fez pela liturgia. Considere que jamais vemos a reforma litúrgica atual em oposição aos quatro séculos de liturgia tridentina, a qual também deu frutos a seu tempo. Porém, os tempos mudaram, as ciências humanas evoluíram e era preciso colher novos frutos, plantando outras árvores e reformando o jardim. Era outro contexto e janelas tinham de ser abertas ao mundo. A Bíblia e a Tradição impulsionaram a Igreja para a realização do Concílio Vaticano II. Então, com "sabedoria e felicidade" era preciso completar o que estava faltando, como diz a IGMR, no n. 6, em relação ao missal de Paulo VI e o missal de Pio V.

Um homem de Deus, hoje beato João XXIII, teve a intuição e a ousadia de abrir o Concílio. Com tenacidade, Paulo VI levou-o até o fim. Muitos padres conciliares foram os artífices da reforma em seus países, como o foi dom Clemente Isnard e tantos outros no Brasil. Agora compete a nós, que nos nutrimos do esforço deles, também fazer nossa parte.

Enfim, a título de conclusão, a participação litúrgica que nos faz adentrar o mistério, além de válida e lícita, é ativa, consciente, plena, frutuosa e piedosa. Dessa forma, produz os frutos de salvação que nos garantem a eternidade e ajudam a defender a vida e a construir a história. Quando isso acontece, cala a palavra humana e tudo passa a ser ressonância do mistério. Nessa hora não há outra palavra da nossa parte, a não ser a admiração do coração extasiado pela beleza de Deus. A noite se faz dia, e o dia será um ensaio da eternidade. Esse momento passa, porque estamos ainda nas contingências da história, mas ele, contudo, nos faz saborear um pouco da liturgia celeste, sem a mediação sacramental nem as distrações do pecado, até quando pudermos, finalmente, com nossos próprios olhos ver a Deus como ele é, e a sua glória nos envolver como um manto. Será a liturgia eterna! Até lá, "ficai firmes no Senhor" (Fl 4,1).

Bibliografia

ALDALZABAL, Jose. *La plegaria eucarística*. II Pastoral. Dossiers, cpl. 19, Barcelona. Centro de Pastoral Litúrgica.

ALMEIDA, Antônio José de. Por uma Igreja ministerial. In: LOPES GONÇALVES, Paulo Sergio & BOMBONATTO, Vera Ivanise (orgs.). *Concílio Vaticano II*: análise e prospectivas. São Paulo, Paulinas, 2004. pp. 337-366.

AMOROSO LIMA, Alceu. *Palavras de vida eterna*. Obra póstuma coordenada pelas monjas da Abadia de Santa Maria. São Paulo, Gráfica Editora, 2003.

ARNAU-GARCÍA, Ramón. Tratado *general de los sacramentos*. 3. ed. Madrid, Biblioteca de autores cristianos, 2001. 372 p.

AROCENA, F. A. *En el corazón de la liturgia la celebración eucarística*. Madrid, Palabra, 1999. 437 p.

AUGÉ, Matias. *Liturgia*: storia, celebrazione, teologia, spiritualità. Milano/Torino, EDB, 1995. 328 p.

BECKHÄUSER, Alberto. *Comunicação litúrgica*: presidência, homilia, meios eletrônicos. Petrópolis, Vozes, 2003. 102 p.

BOROBIO, Dionisio (org). *A celebração na Igreja*. São Paulo, Loyola, 1990. vol. 1. Liturgia e sacramentologia fundamental, 474 p.; vol. 2. Sacramentos, 1993, 642 pp.; vol. 3. Ritmos e tempos da celebração, 2000, 541 p.

BOVE, F. Virtude. In: VV. AA. *Lexicon – Dicionário teológico*. São Paulo, Loyola, 2003. 794 p.

BULTMANN, Rudolf. *Jesus Cristo e a mitologia*. São Paulo, Novo Século, 2003. 80 p.

BUYST, Ione & SILVA, José Ariovaldo da. *O mistério celebrado*: memória e compromisso. Valencia, Siquém, 2002. 159 p.

———————. *Liturgia de coração*: espiritualidade da celebração. São Paulo, Paulus, 2003. 136 p.

CANALS, Joan M. La belleza en la liturgia. *Phase*, n. 221, set.-out. 1997. pp. 397-407.

CENTRO DE LITURGIA. *Curso de especialização em liturgia*: uma experiência universitária significativa. São Paulo, Paulus, 1995. 143 p.

CNBB. *Projeto Nacional de Evangelização (2004-2007)*: Queremos Ver Jesus – Caminho, Verdade e Vida. São Paulo, Paulinas, 2003. (Documentos da CNBB 72.)

CONCÍLIO VATICANO II. Constituição Dogmática *Lumens Gentium* sobre a Igreja. In: *Documentos do Concílio Vaticano II (1962-1965)*. São Paulo, Paulus, 2001. pp. 101-197.

———————. Constituição *Sacrosanctum Concilium* sobre a sagrada liturgia. In: *Documentos do Concílio Vaticano II (1962-1965)*. São Paulo, Paulus, 2001. pp. 32-79.

CONGREGAÇÃO PARA O CULTO DIVINO E A DISCIPLINA DOS SACRAMENTOS. *Diretório sobre a piedade popular*. São Paulo, Paulinas, 2003. 288 p.

———————. *Instrução Geral sobre o Missal Romano*. Petrópolis, Vozes, 2004. 167 p.

CORBON, Jean. *Liturgia fundamental*: misterio – celebración – vida. Madrid, Palabra, 2001. 267 p.

DEISS, Lucien. *A palavra de Deus celebrada*: teologia da celebração da Palavra de Deus. Petrópolis, Vozes, 1998. 189 p.

DEL GENIO, M. R. Mística (notas históricas). In: BORRIELLO, L; CARAUNA et al. *Dicionário de mística*. São Paulo, Paulus, 2003. pp. 704-714.

DEL ZOTTO, C. M. Mística natural. In: BORRIELLO, L; CARAUNA et al. *Dicionário de mística*. São Paulo, Paulus, 2003. pp. 737-743.

DENZINGER, Heinrich. *Enchiridion symbolorum definitionum et declarationum de rebus fidei et morum*. Bologna, EDB, 1996.

DI SANTE, C. *Il rinnovamento litúrgico*: problema culturale. Bologna, EDB, 1978.

EGAN, H. D. Rahner Karl, apud BORRIELLO, L. et al. *Dicionário de mística*. São Paulo, Loyola/Paulus, 2003. pp. 907-908.

ELIADE, Mircea. *Imagens e símbolos*: ensaios sobre o simbolismo mágico-religioso. São Paulo, Martins Fontes, 1991.

――――――. *O sagrado e o profano*: a essência das religiões. São Paulo, Martins Fontes, 2001. 191 p.

EMARD, Jeanne. *A arte floral a serviço da liturgia*. São Paulo, Paulinas, 1999. 144 p.

FIZZOTTI, Eugênio. Abraham Maslow e Victor E. Frankl. Os ritos de cura como auto-realização e como busca de sentido. In: VV. AA. *Liturgia e terapia*: a sacramentalidade a serviço do homem e da sua totalidade. São Paulo, Paulinas, 1998. pp. 235-275.

FORTE, Bruno. *A essência do cristianismo*. Petrópolis, Vozes, 2003. 211 p.

GALIMBERTI, Umberto. *Rastros do sagrado*: o cristianismo e a dessacralização do sagrado. São Paulo, Paulus, 2003. 454 p.

GAMARRA, Saturnino. *Teologia espiritual*. Madrid, BAC, 2000. 312 p.

GARCÍA BAZÁN, Francisco. *Aspectos incomuns do sagrado*. São Paulo, Paulus, 2002. 277 p.

GEERTZ, Clifford. *A interpretação das culturas*. Rio de Janeiro, LTC, 1989. 321 p.

GIRAUDO, Cesare. *Num só corpo*: tratado mistagógico sobre a eucaristia. São Paulo, Loyola, 2003. 619 p.

GRÜN, A. *Mística e Eros*. Curitiba, Lyra Editorial, 2002. 140 p.

GUARDINI, Romano. *O Espírito da liturgia*. Coimbra, Arménio Amado, 1949.

HAIGHT, R. *Jesus, símbolo de Deus*. São Paulo, Paulus, 2003. 576 p.

HORTAL, Jesús. *Os sacramentos da Igreja na sua dimensão canônico-pastoral*. São Paulo, Loyola, 2000. 221 p.

HUXLEY, J. *Le comportement chez l'homme et l'animal*. Paris, Galimard, 1971.

IAMMARRONE, G. Salvação. In: VV. AA. *Lexicon – Dicionário teológico enciclopédico*. São Paulo, Loyola, 2003. pp. 677-679.

JOÃO PAULO II. Mensagem dirigida à assembléia plenária da Congregação para o Culto Divino e a Disciplina dos Sacramentos. In: CONGREGAÇÃO PARA O CULTO DIVINO E A DISCIPLINA DOS SACRAMENTOS. *Diretório sobre a piedade popular*, pp. 7-10.

LESQUIVIT, C. & GRELOT, P. Salvação. In: LÉON-DUFOUR, X. *Vocabulário de teologia bíblica*. Petrópolis, Vozes, 2002. pp. 941-944.

LOPES MARTIN, Julian. *No espírito e na verdade*. Petrópolis, Vozes, 1997. 443 pp., vol. 2: Introdução antropológica à liturgia.

LUTZ, Gregório. *O que é liturgia?* São Paulo, Paulus, 2003. 47 p.

MALDONADO, Luis. *A ação litúrgica*: sacramentos e celebração. São Paulo, Paulus, 1998. 315 p.

——————. *Liturgia, arte, belleza*. Madrid, São Pablo, 2002. 200 p.

MARTIN VELASCO, J. *Lo ritual en las religiones*. Madrid, Fundación Santa Maria, 1986.

MOHR-HEINZ, Gerd. *Dicionário dos símbolos*: imagens e sinais da arte cristã. São Paulo, Paulus, 1994. p. 393.

PANELLA, Federico L. La belleza en la liturgia. *Phase* n. 253, pp. 9-30. jan.-fev. 2003.

PESENTI, G. G. Mente. In: BORRIELLO, L. et al. *Dicionário de mística*. São Paulo, Paulus, 2003. pp. 692-693.

PIKAZA, Xavier. *El fenomeno religioso*: curso fundamental de religião. Madrid, Editorial Trota, 1999. 453 p.

ROCHETTA, Carlo. *Teologia da ternura*: um "evangelho" a descobrir. São Paulo, Paulus, 2002. 528 p.

ROSSI, T. Virtudes morais. In: VV. AA. *Lexicon – Dicionário teológico*. São Paulo, Loyola, 2003. p. 795.

ROWER, Basílio. *Dicionário litúrgico*. Petrópolis, Vozes, 1928. 236 p.

SAHAGUN LUCAS, Juan. *Dios horizonte del hombre*. Madrid, BAC, 1998. 312 p.

SANTAELLA, Lúcia. *Cultura e artes do pós-moderno*: da cultura das mídias à cibercultura. São Paulo, Paulus, 2003. 357 p.

SCHROER, Silvia & STAUBLI, Thomas. *Simbolismo do corpo na Bíblia*. São Paulo, Paulinas, 2003. 307 p.

SILVA, José Ariovaldo da. Reforma litúrgica a partir do Concílio Vaticano II. In: LOPES GONÇALVES, Paulo Sergio & BOMBONATTO, Vera Ivanise (orgs.). *Concílio Vaticano II*: análise e prospectivas. São Paulo, Paulinas, 2004. pp. 293-313.

STONG, A. Hopkins. *Teologia sistemática*. São Paulo, Hagnos, 2003. vol. I, 680 p.

TERRIN, Aldo Natale. A doença como síndrome da desarmonia do espírito: tratado sobre as religiões antigas e novas. In: VV. AA. *Liturgia e terapia*: a sacramentalidade a serviço do homem e da sua totalidade. São Paulo, Paulinas, 1998. pp. 181-231.

―――――. *Antropologia cultural*. In: SARTORE, Domenico & TRIACCA, Achille M. *Dicionário de liturgia*. São Paulo/Lisboa, Paulinas/Paulistas, 1992. pp. 63-79.

―――――. *Antropologia e horizontes do sagrado*: culturas e religiões. São Paulo, Paulus, 2004. 420 p.

―――――. *Introdução ao estudo comparado das religiões*. São Paulo, Paulinas, 2003. 423 p.

VELASCO, Juan Martín. Religião/religiões. In: PIKAZA, Xavier & SILANES, Nereu. *Dicionário teológico o Deus cristão*. São Paulo, Paulus, 1998. pp. 792-798.

VV.AA. *A liturgia*: momento histórico da salvação. São Paulo, Paulinas, 1986. 265 p.

―――――. Belleza y liturgia. *Phase* n. 253, jan.-fev. 2003. 96 p.

―――――. *Liturgia e terapia*: a sacramentalidade a serviço do homem na sua totalidade. São Paulo, Paulinas, 1998. 421 p.

Sumário

Prefácio 5

Siglas 8

Introdução 9

I. O direito e o dever à participação na celebração litúrgica: "Momento histórico da salvação" 13

II. A oração como resposta: seu aspecto exterior e interior 25
    1. A oração como ato de transcendência 25
    2. Deus como protagonista da oração 27
    3. A oração exterior como reflexo da interior 28
    4. A beleza como via de passagem da oração exterior
       para a interior 30

III. Qualificações da participação litúrgica
     na Sacrosanctum Concilium 35

IV. Participação litúrgica ativa 43
    1. A participação litúrgica é essencialmente ativa 45
    2. A celebração litúrgica é necessariamente uma ação ritual ... 48
       a) O rito é essencialmente ativo, e não narrativo 51
       b) O rito na sua essência simbólica e as conseqüências
          para a vida 52
            A qualidade afetiva e sua conseqüente leveza 55

  A vazão para sentimentos de maior intensidade 57
  O tempo e o espaço transfigurados 58
  A solenidade como arte e beleza 60
  A dimensão integral da vida 61
  A expressão da densidade dos significados 62
  O diálogo como dimensão estrutural do rito litúrgico 63
 c) A quebra do rito e seu efeito na assembléia litúrgica 64
 d) A liturgia e a virtude de religião 67

V. PARTICIPAÇÃO LITÚRGICA CONSCIENTE 73

VI. PARTICIPAÇÃO LITÚRGICA PLENA 83

VII. PARTICIPAÇÃO LITÚRGICA FRUTUOSA 89
 1. O mistério pascal e sua pedagogia litúrgico-sacramental 91
 2. A salvação em sua dimensão escatológica 96
 3. A salvação nas libertações históricas 99

VIII. PARTICIPAÇÃO LITÚRGICA PIEDOSA 107

CONCLUSÃO 115

BIBLIOGRAFIA 119

Cadastre-se no site

www.paulinas.org.br

Para receber informações
sobre nossas novidades
na sua área de interesse:

• Adolescentes e Jovens • Bíblia • Biografias • Catequese
• Ciências da religião • Comunicação • Espiritualidade
• Educação • Ética • Família • História da Igreja e Liturgia
• Mariologia • Mensagens • Psicologia
• Recursos Pedagógicos • Sociologia e Teologia.

Telemarketing 0800 7010081

Impresso na gráfica da
Pia Sociedade Filhas de São Paulo
Via Raposo Tavares, km 19,145
05577-300 - São Paulo, SP - Brasil - 2010